Golden sutra 독 송 본

중/생/구/제/프/로/젝/트

「법」수행으로
세 가지 밝은 지혜를
깨쳐라!

지장경

지장경 전문가
법오스님 편저

KB204092

STAIR
WAY TO
BUDDHA

옛날 어느 마을에 세명의 농부가 살았습니다. 이들은 이웃 사촌이 되어 서로 아끼며 행복하게 살았습니다. 그런데 어느 날 한 날 한 시에 죽게 되어 염라대왕 앞에 서게 됩니다.

염라대왕이 이 세 농부에게 묻기를 "너희는 지장보살님을 아느냐?"하기에 한 농부는 "모릅니다."라고 대답하였고 두 농부는 "압니다."라고 대답하였습니다. "모릅니다."라고 대답한 농부는 대답이 끝나자 마자 곧바로 축생계에 떨어 졌고, 두 농부만 남게 되었습니다.

염라대왕이 두 농부에게 또 묻기를"그러면 너희들은 지장보살님의 연락처를 아느냐?"하고 묻기에 한 농부는 우물쭈물하였고, 다른 농부는 "7×7＝49입니다."라고 대답하였습니다. 우물쭈물한 농부는 거짓말을 한 죄로 무간지옥에 떨어졌고, 지장보살님의 연락처를 답한 농부는 극락왕생 하였다고 합니다.

죽음을 이길 수 있는 사람은 아무도 없습니다. 여러분에게 허락된 시간은 얼마입니까?

경전이 있는 곳은

부처님과 존경받는 제자들이 계시는 곳입니다.

경건한 마음으로 법을 받아 지니세요.

이 위대한 경전을 받아 지니는 사람에게

큰 복이 따를 것입니다.

경전을 받아 지니는 사람 _____

1. 가족수만큼 받아 지니세요.
2. 받아 지니는 사람의 이름을 적어 넣으세요.
3. 나의 기도를 할 때에는 나의 이름이 적힌 경전으로,
   남을 위한 기도는 남의 이름이 적힌 경전으로 기도하세요.

무엇이 이 경전을
특별하게 만드는가?

한 권의 책이 한 사람의 인생을 바꿀 수 있다면, 이 경전은 100% 한 사람의 운명을 바꿔줄 것입니다.

또한 업장이 소멸되고, 소멸되고, 계속 소멸될 것입니다.

지금으로부터 약 2,600년 전 인도의 한 왕국에 사내아이가 하나 태어납니다. 장차 붓다로 불리게 될 아이였습니다. 전해오는 전설에 따르면 아이가 태어나기 전 왕비인 어머니는 이상한 꿈을 꾸었다고 합니다. 아름답고 하얀 코끼리 한 마리가 왕비한테 연꽃을 건넵니다. 그리고 그 코끼리는 왕비의 옆구리로 들어왔습니다. 왕은 현자들에게 해몽을 부탁했고 현자들은 이렇게 말합니다. "왕비는 곧 아들을 낳으실 겁니다. 위대한 정복자나 성자가 될 아드님입니다." 세상을 지배하는 전륜성왕이 되거나 깨달은 자 붓다가 태어난다는 얘기였습니다. 열 달후 출산을 위해 친정으로 가던 왕비는 룸비니에 이르렀고 나뭇가지를 잡는 순간 옆구리에서 아기가 태어났습니다. 7일후 왕비는 세상을 떠났고 30년후 아이는 이렇게 가르칩니다.

"세상은 나고 죽는 슬픔과 고통의 바다다. 하지만 나는 평온을 얻는 법을 찾아냈다. 누구나 그걸 찾아낼 수 있다." 라고

이 경전이 특별한 이유는 수없이 많지만 세 가지만 말씀드리겠습니다.

첫째, 부처님의 공식 후계자 지장보살님

지금은 지장보살님이 법륜을 굴리시는 지장보살님 시대입니다. 제13장 촉루인천품에서 알 수 있듯, 석가모니 부처님은 이 경전의 설법지인 제석천왕이 계신 도리천에 올라가셔서 사자후를 하시어 모든 불국토의 불보살님들, 팔부신중님들, 모든 천신들, 모든 지신들, 그리고 모든 야차귀왕들을 불러모읍니다. 그리고 부처님 열반 후에 지장보살님에게 모든 천신들과 인간들을 부촉하신다고 공표하셨습니다. 지장보살님은 부처님의 후계자이십니다. 석가모니부처님은 열반하셨고, 미륵부처님은 아직 오시지 않으셨습니다. 지금 우리와 함께하시는 지장보살님께 소원을 빌어 보세요. 무려 28가지의 엄청난 행운과 복이 여러분을 기다리고 있습니다. 금강경을 독송하고, 법화경을 사경하고, 아미타불을 염불하듯이 그대로 똑같이 하시면 됩니다.

둘째, 가장 빠르고 강력한 업장소멸

복을 구하기 전에 마음에 낀 때부터 깨끗이 정화해야 합니다. 업의 장막이 소멸되어야 소원성취가 빨라집니다. 이미 수많은 지장경 수행자들이 그 영험함을 체험하고 있습니다. 여러분이 알고 있는 그 어떤 경전보다 업장소멸이 빠르고 강력함에 깜짝 놀라고 당혹스러울 것이며 또한 곧바로 매료되실 것입니다. 또한 내 업장뿐만 아니라 남의 업장까지 소멸할 수 있다는

엄청난 장점이 있습니다. 우리가 이전에 알고 있던 "내가 지은 업보는 피해 갈 수 없으며, 남의 업보는 내가 어떻게 할 수 없다."라는 상식이 파괴될 것입니다. 단, 전문가의 지도가 반드시 필요합니다. 불교 수행에는 성공 공식이 존재하기 때문입니다.

마지막, 나의 운명을 돌파하라!

불교의 핵심은 출삼계입니다. 그 공부의 첫걸음은 나의 운명을 돌파하는 것에서부터 출발해야 합니다. 모든 수행의 중심은 나로부터, 나를 깨친다는 건 곧 나의 운명을 깨친다는 것입니다. 나의 운명을 깨친다는 것은 가장 높고 바른 깨달음에 이르기 위해서 반드시 통과해야 하는 관문인 등용문입니다. 나의 운명을 깨치지 않고서는 절대로 가장 높고 바른 깨달음에 이를 수 없습니다. 나의 운명을 깨치기 전에 생로병사를 논할 수 없고, 윤회도 이해할 수 없으며 열반에 이를 수도 없습니다.

이 경전은 나의 운명을 깨치기에 최적화 된 경전입니다. 가장 높고 바른 깨달음에 이르기 위해서는 최소한 세 개의 관문은 통과해야 하는데 나의 운명을 깨치는 것이 그 첫 번째 관문입니다. 나의 운명을 깨쳤다 함은 머리나 책으로는 절대로 이해할 수 없으며 수행을 통하여 몸으로 체득하셔야 정확히 그 개념을 이해할 수 있습니다. 그래서 불교를 수행의 종교라 예기하는 것입니다.

불법을 공부하는 데에는 분명 순서가 있습니다. 우리가 학교를 다닐 때에도 초등학교, 중학교, 고등학교, 대학교에 이르기까지 단계적 학습 과정을 거치듯 불법을 공부하는 데에도 분명 순서에 따라 단계적으로 공부하셔야 합니다. 기초부터 충실히 다진 다음 다음단계로 올라서야 합니다. 건물을 짓는 것에 비유해 보겠습니다. 건물에서 가장 중요한 것은 기초입니다. 불법 공부의 기반을 닦는 것은 건물의 기초를 다지는 것과 같습니다. 정확히 같은 요소와 원칙들이 적용됩니다. 건물을 짓는 데 당연히 가장 공을 많이 들여야 하는 것은 기초공사입니다. 그 일에 여러분의 시간 중 상당 부분 또는 대부분이 들어갈 수도 있습니다. 그런데 그 일은 우리가 해야 할 일 중 가장 하기 싫은 것이기도 합니다.

그것은 언젠가는 흙에 덮이게 되고, 아무도 보지 못할 것이며, 언젠가 모두 잊어버리게 될 부분입니다. 하지만 그럼에도 건물은 여전히 그 기초 위에 서 있습니다. 기초 위에 탄탄히 서 있지 못하면 무너져 버리겠죠.

이 경전은 불법 공부의 기초를 탄탄히 다져 줄 것입니다. 불자님들에게는 초기불교의 핵심교리인 무상, 고, 무아, 윤회, 해탈, 열반, 인과법, 연기법, 세 가지 밝은 지혜에서 부터 대승불교의 핵심사상인 보살사상과 중생구제, 일체법 개시불법에 이르기까지 방대한 불법을 이 경전 한 권으로 압축적으로 아주 쉽게 배우고 공부하실 수 있을 것입니다.

또한 불교에 관심있거나 불교를 알고자 하는 분들에게는 불교의 세계관과 우주관, 불교가 추구하는 궁극적 목표, 그리고 신들의 세계까지도 뛰어 넘는 불교의 참면목을 알 수 있는 귀중한 책이 될 것입니다.

또한 이 경전에는 세 개의 황금열쇠가 숨겨져 있습니다. 이 열쇠들은 큰깨달음의 문을 여는데 반드시 필요한 열쇠들입니다. 정확히 순서대로 차례차례 열릴 것이며 한치의 오차도 없이 열릴 것입니다.

열심히 수행하다 보면 분명 불·보살님의 인도와 수기가 있을 것입니다.

운이 좋아지고, 좋아지고, 계속 좋아지는 경전

끝으로 대덕큰스님들 및 불자님들의 넓은 혜량을 구합니다. 기존의 불경들이 1,500년 전 중국에서 번역되다 보니 현대의 보통언어와는 많은 괴리감이 있습니다. 그러다 보니 불교를 처음 접하는 초심자들이 불교를 이해하는데 많은 어려움을 겪고 있습니다. 부처님의 대기설법의 취지에 따라 부처님의 참가르침을 세상에 널리 전하기 위하여 현대적인 대중적 언어와 문장으로 표현하기 위하여 고심에 고심을 거듭하였습니다. 다소 부족하고 아쉬운 점이 있더라도 저의 배움이 짧아 그러하오니 넓은 혜량 다시한번 구합니다. 이제 우리 불교도 현대의 보통언어로 세상과 소통해야 합니다. 앞으로 세계불교의 중심은 한국이 될 것이며, 수많은 세계인들이 한국을 주목하게 될 것입니다.

깨어나세요! 그리고 우물 밖으로 나오세요! 지장보살님이 여러분의 손을 꽉 잡아주실 것입니다. 살아서 열반을 얻으시는 여러분이 되셔야 합니다. 이 위대한 경전이 불교의 현대화, 대중화, 세계화의 초석이 되길 다시 한번 두손모아 모든 불보살님전에 간절히 발원 올립니다.

불기2568년 10월

법오 합장

지장경 「법」수행 바르게 하는 방법

① 경전독송   ② 진언염불   ③ 호흡

이 수행법은 부처님의 진실한 말씀인 「법」으로써 업장을 완전히 깨부수는 수행방법입니다.

사마타, 위빠사나, 간화선 등 수많은 수행방법이 있지만 이 방법이 현재 대중적으로 가장 많이 사용되고 있으며 효과가 가장 빠르고 쉬운 방법입니다. 또한 아무 때나 할 수 있고, 어디서나 할 수 있다는 엄청난 장점이 있습니다. 물질문명이 발전하면 발전할수록 '진리'만이 그 대안이 될 것입니다. 이와 관련하여 미국 어느 대학교수의 연구결과를 주목해 볼 필요가 있는데요, 미국의 UCLA대학 심리학자 알버트 메리비안 교수의 연구에 따르면 개인의 이미지는 메르비안 차트에 따라 시각적인 이미지 55%, 청각적 이미지 38%, 기타 언어적 이미지 7%의 기준으로 영향을 미친다는 연구결과입니다.

이 연구결과는 우리 대승불교 수행법인 경전독송, 사경, 염불의 수행법이 '과학적이고 합리적이다'라는 근거를 제시하고 있습니다. 이는 오온의 작동원리와 정확히 일치하기 때문입니다. 부처님의 진실한 말씀인 「법」을 우리 몸속에 한 자, 한 자, 한 음, 한 음 먹다 보면 분명 식에 변화가 생깁니다. 모든 진리는 하나로 통합니다. 이제 진실의 순간이 다가왔습니다. 오직 진리만이 우리가 처한 모든 상황들을 해결해 줄 것입니다.

운이 좋아지고, 좋아지고, 계속 좋아지는 경전

단계별 수행 목표

- 📖 **1단계(입문 과정) : 백일 백독**
- 📖 **2단계(기초 과정) : 1년 365독**
- 📖 **3단계(초급 과정) : 집중 수행(21일 백독)**
- 📖 **4단계(중급 과정) : 전문가와 상의**

"반복이 기적을 만든다."

세상 어떤 배움이든 하루에 1시간씩 1년 하면 초급단계, 3년 하면 중급단계, 10년 하면 상급단계에 올라섭니다. 즉, 1만시간의 법칙이 적용됩니다. 우리의 뇌는 경험을 통하여 학습하기 때문이죠.

처음 지장경에 입문하시는 분들은 백일동안 백독을 목표로 도전하세요. 매일 1독씩 하셔도 되고 백일안에만 백독하시면 됩니다. 이 도전 목표를 달성하시면 다음 단계로 넘어갑니다. 다음 단계도 마찬가지입니다. 뒤쪽에 각 단계별 챌린지 시트를 참조하세요.

단, 주의할 점이 세가지 있습니다. 미리 알고 시작하는게 좋습니다.

이 경전은 나의 업장을 강력하게 깨부수는 경전이기 때문에 다른 경전에서는 볼 수 없는 현상들이 일어나는데 그만큼 이 경전이 '진리'라는 증거입니다.

첫째, 소원을 세우지 마세요. 수행의 목적은 업장을 소멸하여 운명을 닦는데 있는 것이지 소원성취에 있는게 아닙니다. 업장이 소멸되다 보면 자연스럽게 소원이 성취될 것이며 여러분들이 바라는 소원과 부처님께서 보시기에 좋은 것은 분명 다를 수 있습니다.

둘째, 처음 시작할 때 방해가 있습니다. 이를 우리 불교에서는 장애라고 합니다. 느끼실 것입니다.

셋째, 계속 독송 하다 보면 업장이 소멸되는 증상들이 나타납니다. 우리가 먼지 잔뜩 낀 유리창을 닦을 때 먼지가 일어나듯 자연스러운 일들입니다. 꿈으로도 나타나고 다른 형태로도 나타나게 됩니다. 처음 이러한 현상들을 접하시는 분들은 많이 놀라실 것입니다. 업장의 두께에 따라 부드럽게 또한 거칠게 나타나기도 할 것입니다.

너무 힘드실 때는 좀 쉬셔도 되고 육자대명왕진언을 암송하시거나, 전문가와 상의하세요. 때문에 수행의 시작(입재)와 끝(회향)은 가급적 지장재일에 맞추어 가까운 지장도량에서 하시길 권해 드립니다. 그리고 중간중간 자주 사찰을 방문하여 성공 스탬프도 받고 부처님의 보호도 받으시기 바랍니다.

CONTENTS

「법」수행으로
세 가지 밝은 지혜를
깨쳐라!

삼귀의
거룩한 부처님께 귀의합니다
거룩한 가르침에 귀의합니다
거룩한 스님들께 귀의합니다

정구업진언(입으로 지은 죄를 깨끗이 하는 진언)
수리수리 마하수리 수수리 사바하
수리수리 마하수리 수수리 사바하
수리수리 마하수리 수수리 사바하

오방내외안위제신진언(오방내외 신중님들을 편안하게 하는 진언)
나무 사만다 못다남 옴 도로도로 지미 사바하
나무 사만다 못다남 옴 도로도로 지미 사바하
나무 사만다 못다남 옴 도로도로 지미 사바하

개경게(경전을 펴는 게송)
위없이~ 심히깊은 미묘한법을
백천만겁 지난들~ 어찌만나리
제가이제 보고듣고 받아지니니
부처님의 진실한뜻 알아지이다.

개법장진언(법장을 여는 진언)
옴 아라남 아라다
옴 아라남 아라다
옴 아라남 아라다

제1장
도리천궁신통품
부처님께서 신통으로 도리천에 올라가시다

이와같이 나는 들었다.

어느 때 부처님께서 대신변을 나타내시어 도리천 천상세계에 올라가셔서 어머니 마야부인을 위하여 이 위대한 경전을 설하셨다.

그때 시방의 한량없이 많은 세계에서 말 할 수도 없이 많은 부처님들과 큰 보살마하살들이 모두 다 이 도리천 천상법회에 오셔서 찬탄하셨다.

"석가모니 부처님은 능히 오탁악세에서 불가사의한 큰 지혜와 위신력을 나투사 무명의 모든 중생들을 교화하시며, 향 싼 종이에선 향내 나고, 생선 묶은 새끼줄에선 비린내 나듯, 착한 일에는 즐거움이 따르고 나쁜 일에는 괴로움이 따르는 인과법칙을 가르쳐 바른 길로 이끄신다."

그리고 다함께 부처님께 인사를 드렸다.

그때 부처님께서 따뜻한 미소를 지으시며 백천만억의 큰 광명을 놓으셨다.

대원만광명·대자비광명·대지혜광명·대선정광명·대삼매광명·대길상광명·대복덕광명·대공덕광명·대귀의광명·대찬탄광명이었다.

이러한 큰 광명을 놓으시고 또 여러 가지 신묘한 법의 소리를 내시니, 보시바라밀 소리·지계바라밀 소리·인욕바라밀 소리·정진바라밀 소리·선정바라밀 소리·지혜바라밀 소리·중생을 사랑하는 마음의 소리·중생의 슬픔을 함께 슬퍼하는 마음의 소리·중생의 기쁨을 함께 기뻐하는 마음의 소리·중생을 차별하지 않는 마음의 소리·온갖 고통에서 벗어난 소리·온갖 번뇌에서 벗어난 소리·지혜의 소리·큰 지혜의 소리·사자가 울부짖는 듯한 소리·큰 사자가 울부짖는 듯한 소리·천둥 소리·큰 천둥 소리였다.

이렇게 말로 다 표현하기 어려운 소리를 내시니, 인간세계와 다른세계에 있던 한량없이 많은 하느님·용왕님·야차귀신들도 도리천으로 모여 들었다. 이를테면 사천왕천·도리천·수염마천·도솔타천·화락천·타화자재천·범중천·범보천·대범천·소광천·무량광천·광음천·소정천·무량정천·변정천·복생천·복애천·광과천·엄식천·무량엄식천·엄식과실천·무상천·무번천·무열천·선견천·선현천·색구경천·마혜수라천 내지 비상비비상처천의 모든 하느님·용왕님·야차귀신·건달바·아수라·가루라·긴나라·마후라가 등의 팔부신중들이었다.

그뿐만 아니라, 인간세계와 다른세계에 있던 바다신·강물신·천신· 산신·땅신·곡식신·낮신·밤신·허공신·음식신·나무신·풀의 신 등 모든 신들도 법회에 참석하였다.

또한 인간세계와 다른세계의 모든 대귀왕들, 악목귀왕·담혈귀왕·담정 기귀왕·담태란귀왕·행병귀왕·섭독귀왕·자심귀왕·복리귀왕·애경귀왕에 이르기까지 모두 다 법회에 참석하였다.

그때 석가모니 부처님께서 문수보살마하살에게 말씀하셨다.

"그대는 여기에 모인 모든 부처님들과 보살님들 그리고 하느님·용왕님· 야차귀신 등의 팔부신중들을 보느냐? 지금 인간세계와 다른세계에서 이와같이 도리천 천상법회에 참석한 이들의 숫자를 그대는 알겠느냐?"

문수보살이 부처님께 사뢰었다.

"세존이시여, 제 신통으로는 설령 천겁 동안을 헤아린다 하더라도 그 수를 알지 못하겠나이다."

부처님께서 문수보살에게 이르셨다.

"내가 부처의 눈으로 보아도 그 수를 헤아릴 수 없나니, 이들은 모두 다 지장보살이 오랜 세월을 지내오면서 이미 구원하였거나 지금 구원 하고 있거나 미래에 구원할 중생들이며, 또한 이미 해탈시켰거나 지금 해탈시키고 있거나 미래에 해탈시킬 중생들이니라. 그렇지 않느냐?"

문수보살이 부처님께 사뢰었다.

"세존이시여, 저는 과거 오랫동안 불법을 닦아 걸림없는 지혜를 얻었 으므로 부처님의 말씀을 듣고 마땅히 믿고 받아 지닐 수 있사옵니다.

그러나 깨달음이 적은 스님들이나 하느님·용왕님·야차귀신 등 팔부신중들과 미래의 중생들은 비록 부처님의 진실한 말씀을 들을지라도 반드시 의심을 품을 것이오며, 설령 믿었다가도 곧 다시 의심하게 될 것이옵니다.

원하옵건대 세존이시여, 지장보살님은 과거에 어떤 수행을 하였고 어떤 서원을 세웠기에 이처럼 불가사의한 일을 능히 성취할 수 있었는지 자세히 말씀하여 주시옵소서."

부처님께서 문수보살에게 이르셨다.

"비유하건대, 저 삼천대천세계에 가득한 풀·나무·산·숲, 벼·삼, 대나무·갈대와 산의 돌과 가는 티끌까지 갖가지 물건을 하나하나 세어서 그 수만큼의 갠지스강이 있다고 하고, 그 많은 갠지스의 모든 모래알만큼의 세계가 있으며, 그 숱한 세계안의 먼지 하나를 한 겁으로 치고, 그 모든 겁 동안에 쌓인 먼지 수만큼의 겁이 있다하더라도 지장보살이 십지보살의 지위에 오른 이후 교화한 자의 숫자는 위에서 비유하여 말한 숫자보다 천배나 많느니라. 그러니 스님이나 벽지불의 지위에 있던 동안 교화한 이들까지 어찌 다 헤아릴 수 있겠느냐. 문수보살이여, 지장보살의 위신력과 서원은 상상할래야 상상할 수도 없나니, 만약 미래의 선남자선여인이 지장보살의 명호를 듣고 귀의하거나, 우러러 보고 예배하거나, 명호를 부르거나, 공양을 올리거나, 불상을 조성하거나, 탱화를 그리거나, 바위에 새기거나, 흙으로 빚어 금으로 칠하여 모시면 그러한 사람은 마땅히 백번을 천상에 태어나며 영원히 악도에 떨어지지 않게 되느니라. 문수보살이여, 이 지장보살마하살은 어느 때 엄청난 부자의 아들로 태어났었느니라.

그때 세상에는 '사자분신구족만행여래'라는 명호를 가지신 부처님이 계셨는데, 부자의 아들은 부처님의 상호가 천가지 복으로 장엄되어 있음을 보고 부처님께 여쭈었다.

'세존이시여, 세존께서는 어떤 서원을 세워 수행하셨기에 이렇게 훌륭한 상호를 얻으셨나이까?'

이에 사자분신구족만행여래께서 부자의 아들에게 말씀하셨다.

'이와 같이 원만구족하게 꾸며진 몸을 얻고자 하거든 마땅히 오랜 세월 동안 고통 받는 6도 모든 중생들을 구제하여 해탈시켜야 하느니라.'

문수보살이여, 그때 부자의 아들은 부처님의 말씀을 듣고 곧 큰 서원을 세우기를 '저는 미래세가 다하도록 헤아릴 수 없는 겁 동안 악업으로 인해 고통 받는 6도 모든 중생들을 해탈시키고 나서 비로소 열반에 들겠나이다.' 라고 하였느니라.

그로부터 지금까지 백천만억 나유타의 이루 말할 수 없는 겁 동안 지장은 아직도 보살행을 닦고 있느니라.

또 어느 때 한 부처님이 계셨나니 명호를 '각화정자재왕여래'라 하셨으며, 그 부처님의 수명은 한량없는 무량겁이었다.

그 부처님이 열반하신 뒤 불상에 예배하던 시대에 한 브라만의 딸이 있었는데, 그녀는 전생에 깊고 두터운 공덕을 쌓아 여러 사람들로부터 흠모와 존경을 받았으며, 어느 곳을 가거나 머물거나, 앉거나 눕거나 간에 여러 선신들이 그녀를 지켜주었다. 그러나 그녀의 어머니는 삿된 것을 믿고 항상 불·법·승 삼보를 부정하였으므로, 그 딸은 여러 가지 좋은 방편을 내어 어머니에게 바른 생각을 갖게 하였지만, 어머니는 진실한 믿음을 갖지 않았고 오래지 않아 목숨이 다해 곧 그의 영혼이 무간지옥에 떨어졌느니라.

그때 브라만의 딸은 어머니가 세상에 살아 계실 때 인과법칙을 믿지 않고 악업을 일삼았기 때문에 당연히 그 업에 따라 악도에 떨어졌음을 알고, 좋은 향과 꽃 등 여러 공양물을 준비하여 부처님을 모신 절에 크게 공양을 올렸느니라.

그때 브라만의 딸은 절 안에 모셔져 있는 매우 장엄하고 원만구족한 각화정자재왕여래의 불상을 보고 더욱 우러러 예배하며 공경하는 마음을 내고 생각하였다.

'부처님께서는 큰 깨달음을 이루신 분이라 온갖 지혜를 두루 갖추셨으니 만약 이 세상에 계셨더라면 부처님께 여쭈어 어머니가 가신 곳을 알 수 있었을 텐데.'하고 부처님을 우러러보며 오랫동안 울면서 기도하였다.

그때 홀연히 하늘에서 소리가 들려 왔다.

'울고 있는 브라만의 딸이여, 너무 슬퍼하지 말라. 내가 이제 너의 어머니가 간 곳을 알려주리라.'

이에 브라만의 딸은 하늘을 향하여 합장하고 사뢰었다.

'어떤 신통을 갖추신 분이시기에 저의 근심을 풀어 주시려 하옵니까? 저는 어머니가 돌아가신 뒤 밤낮으로 생각하고 생각하였사오나 어머니가 가신 곳을 도저히 알 수가 없었나이다.'

그때 하늘에서 다시 브라만의 딸에게 이르는 소리가 들려왔다.

'나는 네가 지극정성으로 우러러 절을 하는 각화정자재왕여래이니라. 네가 어머니를 생각하고 사랑하는 마음이 간절하기에 이렇게 와서 말해주노라.'

이 소리를 듣고 브라만의 딸은 감격하여 하늘을 향하여 다시 사뢰었다.

'부처님이시여, 바라옵건대 자비하신 마음으로 저를 불쌍히 여기시어 저의 어머니가 가신 곳을 속히 일러주시옵소서. 저는 이제 몸과 마음을 가눌 수 없고 곧 심장이 멎을 것만 같나이다.'

그때 각화정자재왕여래께서 브라만의 딸에게 말씀하셨다.

'너는 공양 올리기를 마치거든 곧바로 집으로 돌아가 단정히 앉아 나의 명호를 생각하며 부르라, 그리하면 너의 어머니가 간 곳을 알게 되리라.'

이에 브라만의 딸은 부처님께 공양 올리고 곧바로 집으로 돌아와 단정히 앉아 어머니를 생각하며 각화정자재왕여래의 명호를 염불하였다. 그대로 하루 낮과 하루 밤이 지나자 홀연히 자신이 한 바닷가에 와 있음을 알게 되었다. 자세히 보니 그 바닷물은 펄펄 끓고 있었다. 주위에는 몸이 쇠로 된 여러 사나운 짐승들이 바다 위를 이리저리 날아

운이 좋아지고, 좋아지고, 계속 좋아지는 경전

다니고 있었는데, 그 가운데 사나운 짐승들이 바다 속에 빠져 허우적 거리는 수많은 사람들을 다투어 잡아 뜯어 먹는 것이었다.

또 보니 야차귀신들이 있는데 그 형상은 가지가지여서 손과 발은 물론 머리와 눈도 여럿이며, 어금니가 입 밖으로 삐쳐나와 날카로운 갈고리 같았다.

이들은 사람들을 사나운 짐승들 가까이로 몰아주고 또 때리고 움켜 잡아 다리와 머리를 한데 서로 얽어 묶는 것이었다. 그 고통받는 모습이 천차만별이라 차마 눈뜨고 볼 수가 없었다. 그러나 브라만의 딸은 부처님을 믿고 의지하였기에 전혀 두려움이 느껴지지 않았다.

그곳에는 '무독'이라는 귀왕이 있었다. 그는 머리를 조아리고 브라만의 딸을 깍듯이 맞이하면서 말하였다.

'보살께서는 어떤 이유로 이곳에 오셨습니까?'

그때 브라만의 딸이 무독귀왕에게 물었다.

'이곳은 대체 어떤 곳입니까?'

무독귀왕이 대답하였다.

'여기는 철위산 서쪽의 첫 번째 바다입니다.'

브라만의 딸은 다시 물었다.

'철위산 안에는 지옥이 있다던데 그것이 사실입니까?'

무독귀왕이 대답하였다.

'지옥이 실제로 있습니다.'

브라만의 딸이 다시 물었다.

'제가 어떻게 하면 그곳에 갈 수 있겠습니까?'

'그곳은 악업을 많이 지은 중생들만 갈 수 있지 그렇지 않으면 도저히 갈 수 없습니다.'

브라만의 딸이 다시 물었다.

'이 물은 어떤 이유로 저렇게 용솟음쳐 끓어오르며, 많고 많은 저 사람들은 대체 뭐하는 사람들이며, 또 저 많고 많은 사나운 짐승들은 도대체 무엇들입니까?'

무독귀왕이 대답하였다.

'이곳은 인간세계에서 나쁜 짓을 하다 죽은 중생이 49일이 지나도록 그를 위해 천도재를 지내 고통에서 건져주는 일이 없거나, 살아 있을 때에 스스로 착한 공덕을 지은 적이 없으면 어쩔 수 없이 본래 지은 죄업대로 악도에 떨어지게 되어 가장 먼저 이 바다를 건너게 됩니다. 이 바다 동쪽으로 십만 나유타를 지나면 또 한 바다가 있으며 그곳의 고통은 여기의 배가 되며, 그 바다 동쪽에 또 한 바다가 있는데 그곳의 고통은 다시 그 배가 됩니다. 이 세 바다에서의 고통은 몸과 말과 생각으로 지은 악업 때문에 스스로 받는 것입니다. 그래서 이곳을 업의 바다라 합니다.'

브라만의 딸이 또 무독귀왕에게 물었다.

'지옥은 어디에 있습니까?'

'저 세 바다속에 지옥이 있으며, 그 지옥들의 숫자는 백천이나 되며 각각 차별이 있습니다. 큰 지옥이 열여덟이고, 다음으로 중간 지옥이

오백이 있고, 또 그 다음으로 작은 지옥이 천백이 있는 바, 그 지독한 고통은 이루 말할 수가 없습니다.'

브라만의 딸이 무독귀왕에게 또다시 물었다.

'얼마 전에 저의 어머니가 돌아가셨는데 어느 곳에 가셨는지 알 수 없겠습니까?'

무독귀왕이 다시 물었다.

'보살의 어머니는 살아 계실 때 어떤 업을 지으셨습니까?'

'저의 어머니는 그릇된 생각으로 삼보를 부정하고 비방했으며, 설령 잠깐 믿음을 가졌다가도 또 금방 공경하지 않았습니다. 돌아가신지 얼마 되지 않았는데 어느 곳에 가셨는지 알 수 없겠습니까?'

무독귀왕이 물었다.

'보살의 어머니는 이름이 무엇입니까?'

브라만의 딸은 대답하였다.

'저의 부모는 모두 브라만계급으로 아버지의 이름은 시라선견이요, 어머니의 이름은 열제리입니다.'

무독귀왕이 합장하고 머리를 조아리며 브라만의 딸에게 말하였다.

'보살께서는 너무 걱정하지 마시고 집으로 돌아가십시오. 죄인이었던 열제리는 천상세계에 태어난지 3일이 되었습니다. 효심이 지극한 자식이 있어 어머니를 위하여 각화정자재왕여래를 모신 절에 큰 공양을 올리고, 복을 닦은 공덕으로 보살의 어머니 뿐만 아니라 그날 이 무간지옥에 있던 죄인들 모두 천상에 태어나는 엄청난 행운을 누리게 되었습니다.'

이 말을 마치고 무독귀왕은 합장하며 물러갔다.

브라만의 딸은 꿈을 깨자마자 곧 그 사실을 깨닫고, 각화정자재왕여래를 모신 절로 달려가 넓고 큰 서원을 세웠다.

'온 우주에 충만하사 아니 계신 곳 없으시는 부처님이시여! 저는 미래 겁이 다하도록 죄지어 고통받는 중생이 있다면 마땅히 널리 방편을 베풀어 기필코 해탈케 하겠나이다.' 라고 하였느니라."

부처님께서 문수보살에게 말씀하셨다.

"그때의 무독귀왕은 지금의 재수보살이고, 브라만의 딸은 지금의 지장보살이니라."

제2장

분신집회품
지장보살님의 분신들이 도리천에 결집하다

그때 백천만억의 이루 생각할 수 없고, 헤아릴 수도 없고, 말할 수도 없이 한량없는 무량겁 세계에 몸을 나투셨던 지장보살님의 분신들이 도리천에 모이었다. 또한 부처님의 위신력으로 자기가 받은 업의 세계를 벗어난, 천만억 나유타 수의 무리들이 모두 함께 향과 꽃으로 부처님께 공양을 올렸다.

이들은 모두가 지장보살님의 교화로 인하여 가장 높고 바른 깨달음에서 영원토록 물러나지 아니하며, 오랜 겁으로부터 내려오면서 나고 늙고 병들고 죽는 생로병사의 4가지 고통에 빠져 6도를 정처없이 떠돌면서 온갖 고초를 겪다가 지장보살님의 넓고 큰 자비와 깊은 서원의 힘으로 해탈 열반을 얻은 보살들이었다. 이들은 도리천에 이르러 뛸 듯이 기뻐하며 흥분된 마음으로 부처님을 우러러 보았다.

그때 세존께서 금빛 팔을 내시어 한량없는 무량겁 세계의 모든 지장보살마하살 화신들 이마를 어루만지시며 이렇게 말씀하셨다.

"내가 오탁악세에서 이와같이 무명의 모든 중생들을 교화하여 그들의 마음을 바로잡아 삿된 것을 버리고 바른길로 돌아오게 하였느니라. 그러나 그 중 열 가운데 하나 둘은 아직도 나쁜 습관에 빠져 있으므로 내가 또한 백천만억 분신을 나타내어 널리 방편을 베풀어 교화하나니, 수준이 높은 자는 법을 들으면 곧 믿고 받아들이며, 어질고 착한 자는 부지런히 권하면 성취하고, 우둔한 자는 오랫동안 교화를 거쳐야 비로소 돌아오며, 업장이 두꺼운 자는 공경하는 마음을 내지 않기도 하느니라.

이렇듯 중생의 무리는 각기 수준이 달라 그들을 모두 제도하여 해탈시키기 위하여 다양한 모습의 분신을 나타내느니라. 때로는 남자·여자의 몸을 나타내고, 때로는 하느님·용왕님·야차귀신의 몸을 나타내며, 산신·숲신·냇물신·강물신·못신·샘물신·우물신의 모습을 나타내어 사람들에게 복을 주며 제도하여 해탈하게 하느니라. 또한 범천·제석천·전륜성왕의 몸, 국왕·브라만·장자·거사·노예의 몸, 비구·비구니·우바새·우바이의 몸 내지는 스님·벽지불·아라한·보살의 몸을 나타내어 교화하고 제도하나니 단지 부처의 몸으로만 나타내는 것은 아니니라. 내가 여러 겁을 두고 부지런히 애써서 이처럼 교화하기 어려운 무명의 모든 죄지어 고통받는 중생들을 구제하였느니라. 그러나 그 가운데 아직도 구원하지 못한 중생들이 악업의 과보로 나쁜 곳에 떨어져 크게

운이 좋아지고, 좋아지고, 계속 좋아지는 경전

괴로워하는 것을 보거든, 그대는 마땅히 내가 지금 이 도리천에서 간절히 부탁한 것을 생각하고 장차 미륵불이 오실 때까지 중생들로 하여금 온갖 고통과 번뇌에서 벗어나 해탈케 하여 반드시 부처님을 만나 뵙고 수기를 받을 수 있게 하라."

그때 여러 세계에서 모인 지장보살님의 화신들이 다시 한몸으로 되어 애절한 마음으로 눈물을 흘리면서 부처님께 사뢰었다.

"세존이시여, 제가 아득히 먼 옛 겁으로부터 부처님의 인도를 받아 가히 상상할 수 없는 큰 신통을 얻었나니, 저는 저의 분신으로 하여금 백천만억 갠지스의 모래알 같이 많은 세계에 두루하여서 한 세계 마다 백천만억의 몸을 나투고, 한 분신이 백천만억 사람을 제도하여 삼보께 귀의하게 하며, 영원히 나고 죽는 슬픔과 고통의 바다에서 벗어나 해탈하여 열반의 기쁨을 누리도록 하겠나이다.

그리고 불법 가운데 터럭 하나·물 한 방울·모래 한 알·먼지 한 티끌· 털끝 하나만큼이라도 착한 일을 하게 되면 제가 점차 교화하고 제도 하여 큰 복을 받도록 하겠나이다. 세존이시여, 바라옵건데 후세의 악업 중생 때문에 염려하지 마시옵소서."

이와같이 부처님께 세 번 말씀드리니 부처님께서 지장보살님을 찬탄 하셨다.

"훌륭하다! 훌륭하다! 내가 그대의 기쁨을 더하리라. 그대는 능히 아득한 먼 옛 겁으로부터 세운 큰 서원을 성취하고 널리 모든 중생을 구원한 이후 곧바로 열반에 들리라."

제3장

관중생업연품

무간지옥의 업보에 대하여 설명하시다

그때 부처님의 어머니이신 마야부인이 공경히 합장하며 지장보살님께 여쭈었다.

"대원본존이시여, 인간세계 중생들이 짓는 갖가지 업과 그에 따라 받는 과보는 어떠합니까?"

지장보살님이 대답하셨다.

"천만세계의 모든 불국토에 지옥이 있는 곳도 있고 없는 곳도 있으며, 여자가 있는 곳도 있고 없는 곳도 있으며, 불법이 있는 곳도 있고 없는 곳도 있으며, 스님들과 벽지불이 있는 곳도 있고 없는 곳도 있듯이, 지옥에 떨어져 받는 업보도 이와같이 천차만별입니다."

운이 좋아지고, 좋아지고, 계속 좋아지는 경전

마야부인이 지장보살님께 다시 여쭈었다.

"원하오니 인간세계에서 지은 갖가지 악업으로 인하여 나쁜 곳에 떨어져 받게 되는 과보에 대하여 듣고자 하옵니다."

"성모시여, 잘 들으소서. 제가 자세히 말씀드리겠나이다."

"대원본존이시여, 말씀하여 주시옵소서."

이때 지장보살님이 마야부인에게 말씀하셨다.

"인간세계에서 악업으로 인하여 받게 되는 과보는 다음과 같습니다. 만약 어떤 중생이 부모에게 불효하고 살인까지 한다면 당연히 무간지옥에 떨어져 천만억겁이 지나도 벗어날 기약이 없습니다.

만약 어떤 중생이 깨달은 자의 몸에 피를 내거나 삼보를 비방하고 경전을 공경하지 아니한다면 이 또한 마땅히 무간지옥에 떨어져 천만억겁이 지나도 벗어날 기약이 없습니다.

또한 절의 재물을 훔치거나, 손해를 끼치거나, 스님들을 욕보이거나, 혹은 절 안에서 함부로 사음을 하거나, 살생하는 중생이 있다면, 이러한 무리도 당연히 무간지옥에 떨어져 천만억겁이 지나도 벗어날 기약이 없습니다.

또 스님은 되었지만 하는 행실은 스님이 아니어서 절 재물을 함부로 쓰고, 신도를 속이며, 계율을 어겨가며 갖가지 나쁜 죄를 지으면 이러한 무리도 당연히 무간지옥에 떨어져 천만억겁이 지나도 벗어날 기약이 없습니다.

만약 어떤 중생이 절의 물건을 훔치던가, 재물·곡식·음식·의복 가운데 단 한가지라도 주지 않는 것을 취하면 이러한 무리도 당연히 무간 지옥에 떨어져 천만억겁이 지나도 벗어날 기약이 없습니다.

성모시여, 만약 어떤 중생이라도 이와 같은 죄를 지으면 당연히 무간 지옥에 떨어져 치가 떨리고 몸이 얼어붙는 공포의 고통을 끊임없이 받나이다."

마야부인이 거듭 지장보살님께 여쭈었다.

"무간지옥은 어떤 곳입니까?"

지장보살님이 대답하셨다.

"성모시여, 모든 지옥은 철위산 안에 있는데 그 중에 대지옥이 열여덟 곳이 있으며, 그 다음의 지옥이 오백 곳, 또 그 다음의 지옥이 천백 곳이 있는바 그 이름 또한 각기 다릅니다.

대지옥은 성 둘레가 구만리나 되고, 그 성은 순전히 쇠로 만들어졌으며, 성의 높이는 만리이고, 성 위에는 불무더기가 있어서 빈틈없이 타오르고 있으며, 그 지옥의 성 안에는 모든 지옥이 서로 이어져 있는데 그 이름 또한 각기 다릅니다. 거기서도 유독 특별한 지옥이 있어 이름을 무간지옥이라 하는데 그 지옥의 둘레는 만리이고, 담장의 높이는 천리이며, 위의 불은 밑으로 타 내려오고, 밑의 불은 위로 치솟으며, 쇠로 된 개와 뱀이 불을 뿜으면서 담장 위를 이리저리 뛰어다니며, 그 안에는 넓이가 천리나 되는 평상이 있습니다. 한 사람이 죄를 받아도 그 몸이 평상 위에 가득차고, 천만 사람이 죄를 받을 때도 또한 각자의 몸이 평상에 가득차게 되니, 여러 악업으로 인하여 받게 되는 과보는 이와 같습니다.

또 모든 죄인이 온갖 고통을 두루 받나니, 백천의 악한 귀신들의 어금니는 칼날과 같고, 눈은 번개와 같으며, 손은 구리쇠 손톱으로 죄인의 창자를 빼내어 토막쳐 자르며, 어떤 귀신은 큰 쇠창을 가지고 죄인의 몸을 찌르거나 입과 코를 찌르며, 혹은 배와 등을 찔러 공중에 던졌다가 도로 받아 평상 위에 내려치기도 합니다.

그리고 쇠독수리는 죄인의 눈을 쪼아 먹고, 쇠뱀은 죄인의 목을 감아 조이며, 온 몸 마디마디에는 대못을 내리박고, 혀를 뽑아 쟁기로 갈며, 죄인을 끌어다가 구리쇳물을 입에 붓고, 뜨거운 철사로 몸을 감는 등 만번을 죽였다 살렸다 하나니, 악업으로 받는 과보는 이와 같아 억겁이 지나도 벗어날 기약이 없습니다.

그러다가 그 세계가 무너지면 다른 세계로 옮겨가게 되고, 다른 세계가 무너지면 또 다른 세계로 옮겨가고 하다가, 그 세계가 다시 이루어지면 다시 돌아오게 되나이다. 무간지옥의 죄보는 이러합니다.

또한 그 업에 따라 다섯 가지의 과보를 받게 되는데, 오무간이라 이름하며 다음과 같습니다.

첫째는 밤낮으로 고통을 받는데 여러 겁을 거듭한다 해도 끊이지 않고 이어지므로 무간이라 하며,

둘째는 한 사람으로도 가득 차고, 많은 사람으로도 가득차므로 무간이라 하며,

셋째는 형벌을 다루는 기구에 쇠몽둥이·독수리·뱀·늑대·개·맷돌·톱· 도끼·끓는 물·타는 불·쇠그물·쇠사슬·쇠나귀·쇠말 등이 있으며, 생가 죽으로 목을 조르며, 뜨거운 쇳물을 몸에 부으며, 배가 고프면 쇠구슬 삼키게 하며, 목이 마르면 뜨거운 쇳물을 마시게 하기를, 년이 다하고 겁이 다하고 한량없는 나유타 겁이 지나도록 고통이 잠시라도 끓일 사이가 없으므로 무간이라 하며,

넷째는 남자나 여자나, 늙은이나 어린이나, 귀한 이나 천한 이나, 하느님 이나 용왕님이나, 야차귀신이나 신들까지도 죄를 지은 과보는 모두 똑같이 받으므로 무간이라 하며,

다섯째는 만약 이 지옥에 떨어지면 처음 떨어졌을 때부터 백천겁에 이르도록 하룻밤 사이에 만 번 죽고 만 번 살아나 그 사이에 단 한 순 간만 쉬고자 하여도 쉴 수 없고, 오직 업이 다하여 다른 곳에 태어 나게 되는 것을 제외하고는 고통이 끊임없이 이어지므로 무간이라 말 합니다.

성모시여, 무간지옥에 대한 설명을 대략하여도 이와 같사온데, 만약 무간지옥의 형벌도구 등의 이름과 그 도구들로 인한 온갖 고통을 상 세히 말하려면 한 겁 동안에도 다 말할 수 없나이다."

마야부인은 이 말을 듣고 나서 근심어린 얼굴로 합장정례하고 물러 갔다.

제4장
염부중생업감품
인간세계 중생들이 짓는 업에 따라
받게 되는 업의 결과

그때 지장보살마하살이 부처님께 사뢰었다.

"세존이시여, 제가 부처님의 위신력을 입사와 백천만억 세계에 이 몸을 나투어 고통받는 6도 모든 중생들을 구제하고 있사온데 만약 부처님의 크나큰 자비심이 아니라면 능히 이러한 변화를 하지 못할 것이옵니다. 제가 이제 부처님의 부탁하심을 받아, 미륵부처님께서 오실 때까지 6도 모든 중생들을 해탈케 하오리니 세존께서는 염려하지 마시옵소서."

그때 부처님께서 지장보살에게 말씀하셨다.

"일체 중생이 해탈을 얻지 못하는 것은, 마음가짐이 한결같지 못하여 착한 습관으로 업을 짓기도 하고, 나쁜 습관으로 업을 짓기도 하기 때문이니라. 그리하여 나쁜 과보도 받고 좋은 과보도 받으면서 업의 흐름에 따라 6도를 윤회하는데 잠시도 쉴 사이가 없으며, 티끌 수와 같이 많은 겁이 지나도록 어리석어 장애와 고난을 겪는 것이 마치 그물에 걸린 물고기가 흐르는 물속에 있는 줄로 알고 잠시 벗어났다가 또다시 그물 속에 걸려들곤 하는 것과 같느니라.

내가 이러한 중생들을 걱정하였더니, 그대가 이미 옛적에 세웠던 원력을 여러 겁을 두고 거듭 세워가며 이들 악업 중생의 무리들을 모두 구원하리라 하니, 내가 다시 무엇을 걱정하리오."

부처님께서 이렇게 말씀하시자, 법회에 참석하고 있던 '정자재왕보살 마하살'이 부처님께 사뢰었다.

"세존이시여, 지장보살님은 옛적에 어떤 서원을 세웠기에 이렇게 세존의 입에 침이 마를 정도로 끝임없는 찬탄을 받는 것입니까? 세존께서는 말씀하여 주시옵소서."

그때 세존께서 정자재왕보살에게 말씀하셨다.

"잘 듣거라. 그대를 위해 분별하여 말하리라.

어느 때 한 부처님이 계셨나니 일체지성취여래·응공·정변지·명행족·선서·세간해·무상사·조어장부·천인사·불·세존이셨고, 그 부처님의 수명은 육만겁이었느니라.

그 부처님께서 출가하시기 전에 어느 나라의 왕이었는데 이웃 나라의 왕과 벗이 되어 함께 10선업을 행하며 중생들을 제도하였느니라. 그런데 이웃나라의 백성들이 여러 가지 나쁜 업을 많이 짓기에 두 왕은 의논하여 여러 가지 방편을 베풀어 그들을 제도하였느니라. 그때 한 왕은 서원을 세우기를 '어서속히 열반을 얻어 널리 모든 중생들을 구제하리라' 하였고, 다른 왕은 서원을 세우기를 '만약 이 죄 많은 중생들을 구제하여 온갖 고통과 괴로움에서 벗어나 해탈케 하지 못한다면 나는 결코 열반에 들기를 원하지 않으리라'고 하였느니라."

부처님께서 정자재왕보살에게 계속 말씀하셨다.

"속히 열반 성취를 발원한 왕은 곧 일체지성취여래이시며, 죄많은 중생들을 구제하지 아니하면 결코 열반에 들기를 바라지 않으리라고 발원한 왕은 곧 지장보살이니라."

또 어느 때 한 부처님이 계셨나니, 명호는 '청정연화목여래'이시고, 그 부처님의 수명은 사십겁이었는데 그 부처님의 형상시대에 한 아라한이 중생을 복으로써 교화하고 계셨느니라.

중생의 수준에 따라 차례로 교화하시다 눈망울이 초롱초롱한 광목이라는 한 여인을 만나게 되었다. 광목이 음식 공양을 올리자 아라한은 '소원이 무엇이오?'하고 물었다.

그러자 광목이 대답하였다.

'저는 어머니를 너무나 사랑하고 그리워하기에 어머니께서 돌아가신 날에 복을 지어 어머니를 천도해 드리고자 하오나 어머니께서 어느 곳에 나신 줄을 모르겠습니다.'

이를 가엾게 여긴 아라한이 선정에 들어 관하여 보니, 광목의 어머니가 악도에 떨어져 큰 고통을 받는 것이 보였다. 이에 아라한은 광목에게 말하였다.

'보살의 어머니는 살아 계실 때 어떤 업을 지었기에 지금 나쁜 곳에 떨어져 저렇게 모진 고초를 겪고 있습니까?'

광목이 대답하였다.

'저의 어머니는 생전에 물고기와 자라를 좋아하셔서 지지고 볶고 튀기고 하여 맘껏 드셨습니다. 그 숫자는 엄청날 것입니다. 아라한께서는 자비로써 저를 불쌍히 여기시어 저의 어머니를 구할 수 있는 방법을 가르쳐 주시옵소서.'

아라한은 이를 가엾게 여겨 방편을 지어 광목에게 권하였다.

'보살은 지극한 마음으로 청정연화목여래께 귀의하고 그 불상을 조성하거나 탱화를 그려 모시도록 하시오. 그렇게 하면 보살과 어머니 모두에게 크게 길함이 있을 것이오.'

광목은 그 말을 듣고 아끼던 물건들을 급히 팔아 청정연화목여래부처님 불상을 조성하고 공양을 올린 다음, 공경하는 마음으로 우러르며 슬피 울면서 기도하였다. 그러다 문득 새벽녘 꿈에 부처님을 뵈었는데 금빛 찬란하기가 마치 수미산과 같았다. 부처님께서 큰 광명을 놓으시며 광목에게 이렇게 말씀하셨다.

'너의 어머니는 오래지 않아 너의 집에 태어나게 될 것이며, 곧 말을 하게 될 것이다.'

그 뒤 광목의 집에 있는 한 여종이 자식을 낳았는데, 사흘이 채 못되어 말을 하며, 머리를 숙여 슬피 울며 광목에게 통곡하는 것이었다.

"나고 죽는 업의 인연으로 자기가 스스로 지은 업보는 자기 스스로 받게 마련이다. 내가 바로 네 엄마다. 오랫동안 어둡고 컴컴한 곳에 있었으며 너와 헤어진 후로 여러 번 대지옥에 떨어졌으나 이제 너의 공덕을 입어 사람의 몸을 받았지만 이렇게 미천한 사람으로 태어났다. 그러나 수명이 짧아 열세살이 되면 단명하여 또다시 나쁜 곳에 떨어지게 되어 있으니, 부디 나를 이 지독한 고통에서 벗어나게 해다오."

이 말을 들은 광목은 목메어 슬피 울면서 종의 자식에게 말하였다.

"우리 어머니시라면 생전에 지은 죄업을 아실 것입니다. 어떤 죄를 지었기에 그렇게 나쁜 곳에 떨어졌습니까?"

종의 자식이 말하였다.

"살아있는 목숨을 잡아 죽이고 불법을 부정하고 비방한 죄로 과보를 받았다.

만약 네가 공덕을 지어 나를 이 고난에서 건져내지 않았다면 이 무거운 죄보에서 도저히 벗어날 수 없었을 것이다."

광목이 다시 물었다.

"지옥에서 죄로 인해 받은 고통은 어떠합니까?"

종의 자식이 대답했다.

"그 지독한 고통은 백천년 동안 말 한다해도 다 말 할 수가 없느니라. 세상 모든 일에는 반드시 그 결과가 있게 마련이고, 모든 일의 결과에는 반드시 그 원인이 있게 마련이다. 살생의 죄가 이렇게도 큰 죄일 줄 내 미처 몰랐었느니라."

지 장 경

그 말을 들은 광목은 눈물을 흘리며 슬피 울다가 하늘을 향하여 말하였다.

"자비하신 부처님이시여, 저의 어머니를 악도에서 영원히 벗어나게 하여 주시옵소서. 그리고 열세살의 수명을 마친 다음에도 다시는 무거운 업보로 인하여 나쁜 곳에 떨어지지 않게 하여 주시옵소서. 시방의 모든 부처님이시여, 제가 어머니를 위하여 세운 이 소원을 들어 주시옵소서. 청정연화목여래 앞에서 맹세하옵니다. 만약 저의 어머니가 삼악도와 인간의 이 미천한 모습 내지 여인의 몸까지도 영원히 여의고 영겁토록 나쁜 과보를 다시 받지 않게 된다면, 저는 지금 이 순간부터 백천만겁 6도 모든 세계에서 고통 받는 중생들을 구제하여 그들을 모두 해탈케한 다음에야 비로소 열반에 들겠나이다."

이렇게 서원을 세우자 청정연화목여래의 말씀이 들려왔다.

"훌륭하다! 훌륭하다! 광목아! 네가 자비심으로 어머니를 위하여 이와 같은 큰 서원을 세웠으니, 이 공덕으로 너의 어머니는 열세살을 마치면 그 업으로 받은 몸을 벗어나 브라만으로 태어나 백세의 수명을 누릴 것이다. 그리고 그 업이 다한 뒤에는 불국토에 태어나 헤아릴 수 없는 겁을 살다가 열반을 성취해 널리 갠지스의 모래알만큼 많은 인간과 천신들을 제도하리라."고 하였느니라.

부처님께서 정자재왕보살에게 계속 말씀하셨다.

"그때 아라한의 몸으로 광목을 제도한 이는 곧 무진의보살이며, 광목의 어머니는 해탈보살이며, 광목은 곧 지장보살이니라. 지장보살은 과거

아득히 먼 옛 겁부터 이와 같이 중생을 깊이 사랑하고 가엾게 여겨 갠지스의 모래알만큼 많은 광대한 서원을 세워가며 6도 모든 중생들을 구원하고 있느니라.

미래에 부처님의 가르침을 따르지 않는 자, 인과법칙을 믿지 않는 자, 선을 행하지 않고 악을 행하는 자, 스스로 구하지 아니하는 자, 나와 남을 분별하는 자, 뭇 생명을 존중하지 아니하는 자, 살생하는 자, 폭행을 일삼는 자, 도둑질하는 자, 돈놀이하는 자, 폭언을 일삼는 자, 거짓말을 하는 자, 남을 속이는 자, 사기를 치는 자, 이간질을 하는 자, 사음하는 자, 술에 쩌들어 사는 자, 욕심이 많은 자, 돈에 눈이 먼 자, 화를 잘내는 자, 어리석은 자, 대승을 비방하는 자 등 이러한 악업을 짓는 중생들은 반드시 나쁜 곳에 떨어지게 될 것이니라.

그러나 만약 선지식을 만나 그의 권유로 지장보살께 귀의하게 되면 그러한 중생들은 모든 악도의 죄보에서 벗어나게 될 것이니라.

만약 지극한 마음으로 지장보살께 귀의하여 찬탄·예배·공경하며, 향·꽃·의복과 가지가지 진귀한 보석들과 좋은 음식으로 공양을 올리는 자는 미래의 백천만겁 항상 천상에 태어나 영원한 기쁨과 행복을 누릴 것이며, 만약 천상에서의 복락이 다하여 다시 인간계로 떨어지더라도 백천만겁 항상 제왕이 되어 능히 전생과 모든 인과의 시작과 끝을 다 기억하게 되리라.

정자재왕보살이여, 이와 같이 지장보살에게는 불가사의한 위신력이 있어 널리 모든 중생을 이롭게 하나니, 너희 모든 보살들은 마땅히 이 경전을 기록하여 널리 유포하도록 하여라." 정자재왕보살이 부처님께 사뢰었다.

"세존이시여, 염려하지 마시옵소서. 저희들 천만억 보살마하살들은 반드시 부처님의 위신력을 받들어 이 경전을 널리 홍포하여 6도 모든 중생들을 복되게 하겠나이다."

이와 같이 정자재왕보살이 부처님께 말씀드리고 나서 합장하며 공경히 절하고 물러갔다.

그때 사천왕이 자리에서 일어나 합장하며 공손히 부처님께 사뢰었다.

"세존이시여, 지장보살님이 저 아득히 먼 옛 겁부터 이미 이러한 큰 서원을 세웠거늘, 어찌하여 지금까지도 제도하는 것이 끝나지 않았으며, 또다시 광대한 서원을 거듭 세워가며 중생들을 구제하고 있나이까? 원하오니 세존께서는 저희들을 위하여 말씀하여 주시옵소서."

부처님께서 사천왕에게 말씀하셨다.

"아주 좋은 질문이구나! 내가 이제 지장보살이 너희들과 현재와 미래의 인간과 천상의 모든 중생들을 널리 구제하기 위하여 저 인간세계의 나고 죽음의 길 가운데 들어가 자비로써 고통받는 모든 중생들을 구제하여 해탈케 하는 방편을 말해주리라."

"예, 세존이시여, 기쁘게 듣겠나이다."

부처님께서 사천왕에게 이르셨다.

"지장보살이 오랜 겁으로부터 오늘에 이르도록 중생들을 구원해 왔지만 아직도 서원을 마치지 못하고 거듭 서원을 세우고 있는 것은,

미래의 한량없이 많은 겁 중에 업의 인연을 완전히 끊지 못하는 죄많은 중생들을 자비심으로 가여워하기 때문이니라. 이와 같이 지장보살은 인간세계 중생들을 백천만억 방편으로 제도하느니라."

"사천왕이여, 지장보살은 살생하는 자에게는 날 때마다 재앙으로 단명하는 과보를 깨닫게 해주며,

도둑질하는 자에게는 가난으로 고통받는 과보를 깨닫게 해주며,

사음하는 자에게는 공작새·비둘기·원앙새로 태어나는 과보를 깨닫게 해주며,

악한 말을 하는 자에게는 가족 간에 서로 이간질하며 다투게 되는 과보를 깨닫게 해주며,

남을 시기하고 질투하는 자에게는 혀가 없거나 입에 부스럼이 생기는 과보를 깨닫게 해주며,

화를 잘 내는 자에게는 얼굴에 더럽고 추악한 풍창이 생기는 과보를 깨닫게 해주며,

욕심이 많고 인색한 자에게는 바라는 소원이 뜻대로 이루어지지 않는 과보를 깨닫게 해주며,

음식을 절제 없이 먹는 자에게는 병이 생겨 건강을 해치는 과보를 깨닫게 해주며,

사냥을 즐기는 자에게는 졸지에 미쳐 죽게 되는 과보를 깨닫게 해주며,

부모에게 악독하게 구는 자에게는 다음생에 바뀌어 태어나 매맞게 되는 과보를 깨닫게 해주며,

부모에게 행패부리고 패륜까지 저지르는 자에게는 제 명을 다하지 못하고 횡사하게 되는 과보를 깨닫게 해주며,

산림에 불 지르는 자에게는 미쳐서 헤매다 죽게 되는 과보를 깨닫게 해주며,

그물로 물고기를 잡는 자에게는 다음생에 가족이 이별하는 과보를 깨닫게 해주며,

삼보를 헐뜯고 비방하는 자에게는 눈멀고 귀먹고 벙어리 되는 과보를 깨닫게 해주며,

부처님의 법과 가르침을 가볍게 여기고 업신여기는 자에게는 영원히 악도에 떨어지게 되는 과보를 깨닫게 해주며,

불상을 훼손하거나 절의 물건을 훔치는 자에게는 억겁을 지옥에서 맴도는 과보를 깨닫게 해주며,

스님들의 수행을 방해하거나, 스님들을 속이는 자에게는 영원토록 축생계를 면치 못하는 과보를 깨닫게 해주며,

쇠몽둥이·도끼·낫·칼 같은 흉기로 남을 해치거나 다치게 하는 자에게는 윤회하면서 서로 되갚게 되는 과보를 깨닫게 해주며,

계율을 지키지 않고 재를 지낼 때의 수칙을 지키지 않는 자에게는 축생계에 태어나 굶주리게 되는 과보를 깨닫게 해주며,

재물을 옳지 않게 쓰는 자에게는 재물운이 막혀 재산을 모두 탕진하게 되는 과보를 깨닫게 해주며,

자만심이 높은 자에게는 신체적 자유를 잃고 남에게 부림을 당하게 되는 과보를 깨닫게 해주며,

남을 이간질하여 서로 다투게 하는 자에게는 혀가 없거나 혀가 백 개나 되는 과보를 깨닫게 해주며,

생각이 그릇된 자에게는 미개인으로 태어나는 과보를 깨닫게 해주느니라.

이렇게 인간세계 중생들이 몸과 말과 생각으로 짓는 악업의 결과로 받는 백천가지 과보를 이제 대강 말하였나니, 이것은 인간세계 중생들이 각자가 짓는 업에 따라 과보를 받음에 갖가지 차별이 있음을 말한 것이니라.

이와 같이 지장보살은 백천가지 방편으로 중생들을 교화하건만 중생들은 앞서 지은 이러한 업보로 인하여 훗날 악도에 떨어져 여러 겁이 지나도록 벗어나지 못하므로 너희들은 중생들을 보호하고 6도를 잘 수호하여 이 모든 중생들이 절대로 악도에 떨어지는 일이 없도록 하라.”

사천왕은 부처님의 말씀을 듣고 깊은 감명을 받아 눈물을 흘리며 슬피 탄식하였고 공경히 예경하며 물러갔다.

제5장
지옥명호품
여러 지옥들의 이름

그때 보현보살마하살이 지장보살님께 말씀하셨다.

"대원본존이시여, 원하오니 하느님·용왕님·야차귀신 등 팔부신중들과 현재와 미래의 모든 중생들을 위하여 죄지은 중생들이 업보로 받게 되는 지옥들의 이름과 치가 떨리고 몸이 얼어붙는 공포의 고통을 말씀하여 미래의 중생들로 하여금 그 과보를 반드시 알게 하여 주시옵소서."

지장보살님이 대답하셨다.

"보현보살이여, 제가 이제 부처님의 위신력과 그대의 힘을 입어 여러 지옥들의 이름과 죄업으로 인하여 받게 되는 과보에 대하여 자세히 말씀드리겠나이다.

운이 좋아지고, 좋아지고, 계속 좋아지는 경전

보현보살이여, 인간계의 동쪽에는 철위산이라는 산이 있는데 그 산은 매우 깊고 험하여 해와 달의 빛이 닿지 않아 어둡고 캄캄합니다. 거기에는 대지옥이 여럿 있는데 그 이름은 다음과 같습니다.

무간지옥·아비지옥·사각지옥·비도지옥·화전지옥·협산지옥·통창지옥·철거지옥·철상지옥·철우지옥·철의지옥·천인지옥·철려지옥·양동지옥·포주지옥·유화지옥·경설지옥·좌수지옥·담안지옥·철환지옥·쟁론지옥·철부지옥·다진지옥 등입니다.

지장보살님이 또 말씀하셨다.

보현보살이여, 철위산 안의 지옥들의 숫자는 한도 끝도 없나이다.

그 밖에 또 여러 지옥들이 있나니 규환지옥·발설지옥·분뇨지옥·동쇄지옥·화상지옥·화구지옥·화마지옥·화우지옥·화산지옥·화석지옥·화상지옥·화량지옥·화응지옥·거아지옥·박피지옥·음혈지옥·소수지옥·소각지옥·도자지옥·화옥지옥·철옥지옥·화랑지옥 등입니다.

그 지옥들 속에는 각각 또 작은 지옥들이 있는데 하나나 둘인 것도 있고, 셋이나 넷인 것도 있으며, 혹은 백이나 천 인 것도 있으며 그것들의 이름 또한 각기 다릅니다.”

지장보살님이 또 보현보살에게 말씀하셨다.

“이는 모두 인간세계에서 악을 행한 중생들이 업에 따라 과보를 받는 곳입니다. 업의 힘이란 매우 커서 수미산을 대적하고, 큰 바다보다 깊어서 열반에 이르는 길을 가로막으므로 중생들은 설령 조그만한 악업이라도 가볍게 여기지 말아야 합니다. 죽은 뒤에는 티끌 만한 것이라도 그 과보가 분명히 있어 부모와 자식 같이 지극히 가까운 사이라 할지라도 그 업이 달라 서로 헤어지게 마련이며, 비록 서로 잠깐 만나더라도 그 업보를 대신 받을 수가 없나이다. 제가 이제 부처님의 위신력을 입어 지옥에서 업 때문에 고통받는 일을 자세히 말씀드리려니 원컨대 보현보살이여, 제 말을 귀 기울여 들어주시기 바랍니다."

보현보살이 말씀하셨다.

"저는 이미 옛적부터 삼악도의 죄보를 알고 있지만 지금 지장보살님께 설법을 청하는 까닭은, 미래의 죄짓는 중생들로 하여금 지장보살님의 말씀을 듣고 이제, 깨우쳐 불법에 귀의하게 하고자 하기 때문입니다."

지장보살님이 말씀하셨다.

"지옥에서 죄업으로 받는 과보는 다음과 같습니다.

어떤 지옥은 죄인의 혀를 빼내 소로 하여금 갈게 하며, 어떤 지옥은 죄인의 심장을 빼내어 야차귀신이 먹으며, 어떤 지옥은 죄인의 몸을 끓는 가마솥 물에 삶으며, 어떤 지옥은 죄인에게 벌겋게 달군 구리쇠 기둥을 안게 하며, 어떤 지옥은 맹렬한 불덩이가 죄인을 쫓아다니며, 어떤 지옥은 온통 차디찬 얼음뿐이며, 어떤 지옥은 끝없는 똥오줌뿐이며, 어떤 지옥은 쇳덩어리가 날아다니며, 어떤 지옥은 불창으로 찌르며, 어떤 지옥은 몽둥이로 가슴과 등을 마구 때리며, 어떤 지옥은 손과 발을 태우며, 어떤 지옥은 쇠뱀이 몸을 감으며, 어떤 지옥은 쇠개에게 몰려 쫓기며, 어떤 지옥은 쇠나귀에게 끌려 다니게 합니다.

보현보살이여, 이러한 악업으로 받게 되는 지옥에는 각각 수천 가지의 형벌도구가 있는데 그것은 모두 구리·쇠·돌·불로 된 것이며 이들 네 종류는 여러 가지 악업의 과보로 생긴 것입니다. 만약 지옥에서 받게 되는 악업의 고통에 대해 자세히 말씀드릴려면 한 지옥에서 받게 되는 고통도 수천 가지인데, 그 수많은 지옥들의 고통들을 어찌 말로 다 할 수 있겠나이까?

제가 이제, 부처님의 위신력과 그대의 질문을 받들어 대략 말씀드린 것이 이와 같사온데 만약 더 자세히 설명하려면 겁이 다하도록 말하여도 마치지 못할 것입니다."

제6장

여래찬탄품

부처님께서 지장보살님을 찬탄하시다

그때 부처님께서 온몸으로 방광을 내뿜으시니, 백천만억 갠지스의 모래 알만큼 많은 모든 부처님 세계를 두루 비추시며 큰 소리를 내시어 모든 부처님 세계의 보살마하살 및 하느님·용왕님·야차귀신 등 팔부신중들과 사람과 사람 아닌 온갖 생명있는 무리들인 중생들에게 말씀하셨다.

"들으라, 내가 지금 지장보살이 시방 세계에서 가히 생각할 수 없는 대자비의 위신력을 나투어 모든 죄지어 고통받는 중생들을 구원하는 일에 대해 칭찬하고 찬탄하리라. 내가 열반한 후에도 너희들 모든 보살들과 하느님·용왕님·야차귀신 등 팔부신중들은 널리 방편을 베풀어 이 경전을 반드시 지킬 것이며, 모든 중생들로 하여금 온갖 고통과 번뇌에서 벗어나 해탈하여 열반의 기쁨을 누리게 하라."

운이 좋아지고, 좋아지고, 계속 좋아지는 경전

이렇게 말씀하시니 대중가운데 있던 '보광보살'이 공손히 합장하며 부처님께 사뢰었다.

"지금 세존께서는 지장보살님에게 불가사의한 위신력이 있다고 찬탄하셨나이다. 다시금 미래의 중생들을 위하여 지장보살님이 인간과 천신들을 널리 이롭게 하는 인과를 말씀하시어, 모든 하느님·용왕님·야차 귀신 등 팔부신중들과 미래의 중생들로 하여금 부처님의 말씀을 믿고 받아 지니게 하여 주시옵소서."

그때 부처님께서 보광보살과 일체대중에게 말씀하셨다.

"자세히 들거라. 내가 너희들을 위하여 지장보살이 인간과 천신들을 널리 이롭게 하는 공덕에 대하여 자세히 말하리라."

보광보살이 다시 사뢰었다.

"예, 세존이시여, 기쁘게 듣겠나이다."

부처님께서 보광보살에게 이르셨다.

"미래에 어떤 선남자선여인이 지장보살의 명호를 듣고 귀의하거나, 형상에 찬탄·예배·공경하면, 이러한 자는 삼십겁 동안 지은 죄를 모두 뛰어넘게 되리라.

보광보살이여, 어떤 선남자선여인이 지장보살의 탱화를 그려 모시거나, 흙과 돌에 금칠하여 모시거나, 금·은·동·철 등으로 이 보살의 상을 조성하여 한번이라도 우러러 예배하는 자는 백번이나 천상에 태어나며 오랫동안 삼악도에 떨어지지 아니하며, 설령 천상의 복락이 다하여 다시 인간계로 떨어질지라도 한 나라의 왕이 되는 엄청난 행운이 있을 것이니라.

만약 어떤 여인이 여자의 몸을 싫어하여, 지장보살 탱화를 그려 모시거나, 흙과 돌에 금칠을 하여 모시거나, 금·은·동·철 등으로 불상을 조성하여 지극정성으로 예배 올리며 날마다 향·꽃·음식·의복·비단·당번·돈·보석 등으로 공양하면 이러한 여인은 한번 받은 여자의 몸이 다하면 백천만겁 지나도록 다시는 여자의 몸으로는 태어나지 않게 되느니라.

다만 중생구제의 큰 원력을 일으켜 스스로 여자의 몸을 받고자 하는 것을 제외하고는 큰 위신력을 지니신 지장보살께 귀의한 까닭으로 이 사람은 백천만겁 다시는 여자의 몸을 받지 않느니라.

보광보살이여, 만약 추하고 병도 많은 여인이 있어 자신의 모습을 싫어하여 지장보살 형상 앞에 지극한 마음으로 우러러 예배하면 이 사람은 백천만겁 항상 용모 단정한 몸으로 태어나며 온갖 질병 또한 없을 것이니라.

또한 이 못생긴 여인이 다시 여자의 몸을 받기를 희망하면 백천만겁 항상 공주로 태어나거나 재상이나 명문집안, 큰 부잣집의 딸로 태어나느니라. 지장보살께 지극한 마음으로 우러러 예배하면 이와 같은 수승한 복을 받느니라.

보광보살이여, 만약 어떤 선남자선여인이 지장보살 형상 앞에서 악기를 연주하고 노래하며, 찬탄하고, 향과 꽃으로 공양하며 또 이를 남에게 권한다면, 이러한 이들은 항상 여러 신들이 밤낮으로 보호하여 나쁜 소식은 전혀 귀에 들리지도 못하게 하거늘 하물며 어찌 온갖 불행을 직접 당하는 일이 있겠느냐.

또 보광보살이여, 만약 미래에 나쁜 신·나쁜 사람·나쁜 귀신 등이 있어 어떤 선남자선여인이 지장보살께 귀의하여 찬탄·예배하며 우러러 공경함을 보고 망령되게 꾸짖거나, 공덕이나 복이 없다고 부정하거나, 이를 드러내고 비방하거나, 또는 뒤돌아서서 부정하거나, 남에게 말하기를 부정하고 비방하거나, 여러 사람들과 같이 부정하고 비방하는 등 만약 한 생각만이라도 부정하고 비방하는 마음을 낸다면 이러한 자는 현겁의 천불이 열반에 드신 뒤까지도 비방한 업보로 인하여 아비지옥에 떨어져 매우 무거운 죄보를 받게 될 것이니라.

그 과보를 지나고 나서야 비로소 아귀세계의 과보를 받게 되며, 또 천겁을 지나고 나서야 다시 축생세계의 과보를 받게 될 것이며, 또 다시 천겁을 지나고 나서야 비로소 사람의 몸을 받게 되며, 비록 사람의 몸을 받는다 하더라도 가난하고 미천하여 눈·귀·코·혀·몸·생각 등의 6근을 제대로 갖추지 못하고 많은 악업이 아직 그 몸에 맺혀 있어 또 다시 악도에 떨어지게 되느니라.

그러므로 보광보살이여, 다른 사람이 공양 올리는 것을 부정하고 비방하기만 하여도 이러한 죄보를 받거늘 더구나 나쁜 마음을 먹고 자신이 직접 불법을 비방하고 파괴함이랴 말해 무엇하겠느냐.

보광보살이여, 만약 미래에 어떤 선남자선여인이 오랫동안 병상에 누워 있는 신세가 되어 마음대로 죽지도 살지도 못하는 처지이거나, 꿈에 귀신이 집안 가족들을 괴롭히고 험악한 길을 헤매게 하기도 하며, 또 도깨비 무리나 귀신에 홀려 날이 갈수록 몸은 점점 더 쇠약해져

잠자리마저 편치 못하여 소리 지르며 고통스러워하는 자는 모두 다 업의 장애를 겪고 있는 것으로서 업의 가볍고 무거움이 아직 결정되지 않아 죽지도 못하고, 병이 낫지도 않는 것이니, 보통 사람의 눈으로는 도저히 이러한 일을 알지 못하느니라.

이러한 때는 반드시 지장보살 존상 앞에서 이 경전을 큰 소리로 독송하거나, 또는 지장보살 전에 병자가 아끼던 재물들을 정성껏 공양 올리고 병자 앞에서 분명히 말해주기를, '저희들 아무개 등은 아픈 사람을 위하여 이 경전을 독송하고 지장보살님 전에 이 모든 공양물을 올려 공양합니다. 이 재물들로 지장보살님의 형상을 조성하거나 탑이나 절을 세우고, 등불을 밝히며, 지장보살님 도량에 보시하겠습니다.'라고 아픈 사람이 알아 듣도록 세 번을 크게 말해주어라.

만약 아픈 사람의 모든 의식이 흩어지고 숨기운 조차 다한 자라면 지장보살께 큰 소리로 그러한 사실을 고하고 7일동안 이 경전을 독송할지어다. 이 사람은 목숨을 마친 뒤에 묵은 허물과 중죄로 무간지옥에 떨어질 죄를 지었더라도 이것으로 영원히 해탈을 얻게 되어 태어나는 곳마다 항상 운명을 알게 될 것이니, 하물며 스스로 이 경전을 독송하거나, 사경하거나, 혹은 스스로 지장보살의 불상을 조성하거나 탱화를 그리거나 남에게 권유하여 그렇게 하도록 한다면 그 공덕으로 반드시 큰 복을 받게 될 것이니라.

그러므로 보광보살이여, 만약 어떤 사람이 이 경전을 독송하거나, 한 생각만이라도 이 경전을 찬탄·예배·공경하는 사람을 보거든 그대는 마땅히 백천 가지 방편으로 그들에게 권하여 정진하는 마음이 물러나지 않도록 하라. 그리하면 능히 현재와 미래에 백천만억 불가사의한 큰 복을 받게 되느니라.

그리고 또 보광보살이여, 만약 미래에 어떤 중생의 꿈에 온갖 귀신이 안좋은 모습으로 나타나는 것은, 전생의 부모·형제·자매·남편·아내·자녀 등의 가족들이 악도에 빠져 있으나 자신의 운명으로는 도저히 구원를 받을 수 없는 처지이기에 어쩔 수 없이 현재의 가족들에게 호소하여 도움을 받아 악도에서 벗어나기를 원하는 것이니라.

보광보살이여, 그대는 신통력으로 그 사람들로 하여금 지장보살 존상 앞에서 지극한 마음으로 이 경전을 읽게 하거나, 스님들께 부탁하여 읽게 하여라.

만일 그들이 세 번 또는 일곱 번을 읽으면 그러한 악도의 가족들이 마땅히 해탈을 얻게 되어 다시는 꿈속에 나타나지 않으리라.

또 보광보살이여, 만약 미래에 신분이 천한 사람이거나 또는 노예 등 신체적 자유를 잃은 사람이 전생의 업보를 깨닫고 참회 하고자 하거든 지극한 마음으로 지장보살의 존상에 우러러 절하면서 7일 동안 이 보살의 명호를 생각하고 불러 만 번을 채울 것이니, 이렇게 하는 사람은 현재의 과보가 다한 후에 천만 생 동안 항상 존귀한 몸으로 태어나며 다시는 삼악도의 고통을 겪지 않게 되느니라.

보광보살이여, 미래의 인간세계에 브라만·크샤트리아·장자·거사들과 그 밖의 다른 신분계급이라도 새로이 태어난 아기에게 7일 이내에 이 경이로운 경전을 읽어주고 다시 보살의 명호를 만 번 염불하면 비록 전생의 허물로 인하여 과보를 받게 될 운명일지라도 곧바로 해탈을 얻게 되어 행복하게 잘 자라며 수명 또한 연장될 것이며, 만약 그가 선천적인 복을 타고난 아기라면 그 행복과 수명은 더하게 되느니라.

보광보살이여, 또 미래의 중생들은 매달 1일·8일·14일·15일·18일·23일·24일·28일·29일과 30일의 십재일에는 모든 죄의 가볍고 무거움이 결정된다. 인간세계 중생들의 몸과 말, 생각 하나하나에는 업 아님이 없고 죄 아닌 것이 없는데 어찌 하물며 방자한 마음으로 살생하고, 도둑질하고, 사음하며, 거짓말하는 등의 백천가지 죄를 일부러 지어야 겠느냐.

만약 십재일에 모든 부처님과 보살님과 아라한의 존상 앞에서 이 경전을 한 번 읽으면 동서남북 백 나유타 내의 온갖 고통과 괴로움이 사라지며, 그 집안 가족들 모두 현재나 미래 백천세 영원히 악도에서 벗어나게 될 것이며, 매달 십재일에 이 경전을 한편씩 읽으면 현재의 이 집안에 모든 질병과 불행이 사라지고 먹고 마시고 입는 것이 풍족하게 되리라.

그러므로 보광보살이여, 마땅히 알지어다. 이 지장보살은 이와 같이 말할 수 없는 백천만억의 큰 신통력으로 너희들에게 엄청난 행운과 복을 가져다주는 보살임을 알아야 하느니라. 이 지장보살마하살이 왜? 위대한 보살인지 이제, 감이 오느냐? 너희 중생들 모두가 지장보살과 특별한 인연이 있다는 것을 알게되면 너희들은 깜짝 놀랄 것이다.

너희 중생들 중 이 지장보살의 이름을 듣거나, 지장보살의 존상을 보거나 또는 이 경전을 석 자나 다섯 자 혹은 한 게송, 한 구절만이라도 듣는 자는 현재에 특별한 복을 받을 것이며, 미래 백천만 생 동안 항상 단정한 몸으로 존귀한 가문에 태어나게 되리라.”

그때 보광보살은 부처님께서 지장보살을 크게 찬탄하시는 것을 보고 무릎 꿇어 합장하며 다시 부처님께 사뢰었다.

“세존이시여, 저는 이미 오래 전부터 지장보살님이 지닌 불가사의한 위신력을 알았아오나, 미래의 중생들을 널리 깨우치기 위해 짐짓 부처님께 여쭈었나이다. 세존이시여, 이 경전의 이름을 무엇이라 하오며, 저희들이 어떻게 받아 지녀야 하옵니까? 말씀하여 주시옵소서.”

부처님께서 보광보살에게 이르셨다.

“이 경전의 이름은 ‘지장보살본원경’이니, 이 이름으로 너희들은 받아 지녀야 하느니라.”

“이는 지장보살이 오랜 겁으로부터 고통받는 6도 모든 중생들을 구원하겠다는 큰 서원을 거듭거듭 세워가며 너희 모든 중생들에게 엄청난 행운과 복을 가져다주고 있나니, 너희들은 이 서원에 의지하여 이 경전이 널리 널리 더 널리 홍포되도록 하여라.”

보광보살은 부처님의 말씀을 듣고 예경한 다음 물러갔다.

제7장
이익존망품
살아있는 사람과 죽은 사람
모두에게 이익 되다

그때 지장보살마하살이 부처님께 사뢰었다.

"세존이시여, 제가 인간세계 중생들을 보니, 그들이 말하고, 행동하고, 생각하는 모든 것에 죄 아닌 것이 없나이다. 간혹 좋은 인연을 만나더라도 그 인연은 곧바로 끊어지고, 나쁜 인연을 만나면 점점 더 나쁜 인연에 물들곤 하더이다. 이러한 사람들은 마치 무거운 짐을 지고 진흙길을 걷고 있는 것과 같아 갈수록 몸은 지치고 짐은 무거워지며 발은 진흙 속으로 더욱더 깊숙이 빠져 들어가는 것과 같나이다.

다행히 선지식을 만나게 되면 그 선지식이 무거운 짐을 일부 덜어주거나, 혹은 전부를 대신 져주기도 하나니, 이 선지식은 큰 원력이 있는

운이 좋아지고, 좋아지고, 계속 좋아지는 경전

까닭으로 다시 부축해 힘을 내게 도와주며, 바른 길에 이르러서는 지나온 나쁜 길을 되돌아보게 함으로써 두번 다시 그런 위험에 빠지는 일이 없도록 하나이다.

세존이시여, 악을 익힌 중생은 습관적으로 한량없는 악을 짓게 마련이고, 모든 중생들은 이와 같은 나쁜 습성이 있으므로 임종 시에는 살아있는 가족들이 마땅히 그를 위하여 복을 지어 앞길을 활짝 열어 주어야 하나이다.

이때 깃발과 일산을 걸고 등불을 켜며, 존귀한 경전을 읽으며 부처님과 모든 보살님께 공양 올리며, 부처님과 보살님과 벽지불을 생각하면서 그 명호를 하나하나 분명히 불러주어 임종하는 사람의 귀에 들리게 하여 가슴 깊이 새겨지도록 해야 하나이다.

그리하면 당연히 악도에 떨어질 중생일지라도 그 가족들이 짓는 인연 공덕으로 지은 죄가 전부 소멸될 것이오며, 또한 그가 죽은 뒤 49일 안에 가족들이 여러 가지 착한 공덕을 많이 지어 주면, 그 사람은 영원히 악도를 여의고 천상에 태어나 끝없는 즐거움을 누릴 것이며 남아있는 가족들도 한량없는 복을 받을 것입니다.

그러므로 제가 이제 부처님을 모시고 하느님·용왕님·야차귀신 등 팔부신중들과 사람과 사람 아닌 온갖 무리들이 모인 이 큰 법회에서 저 인간세계 중생들에게 임종시에는 살아있는 생명을 죽이는 등 나쁜 인연 짓는 것을 삼가고, 잡귀신을 떠받들며 제사 지내는 등의 일을 하지 말라고 권하나이다. 왜냐하면 살생하는 일과 잡귀신에 제사지내는 일 등은 망자에게 털끝만큼의 이익도 되지 않으며 오히려 죄만 더 깊고 무겁게 하는 것이기 때문입니다.

설령 전생이나 현생에 착한 공덕을 많이 지어 천상에 태어날 수 있게 된 자라 할지라도 임종시에 남아있는 가족들이 나쁜 짓을 더하게 되면 죽은 사람에게 재앙이 되어 명을 마친 사람이 좋은 곳에 태어나는 것이 늦어집니다. 하물며 임종하는 사람 자신이 살아있을 때에 조그마한 공덕도 지은 적이 없다면 자신이 스스로 지은 업에 의하여 악도에 떨어지게 마련인데 어찌 살아 있는 가족들이 다시 그 업을 더 무겁게 해서야 되겠나이까?

그것은 마치 사흘을 굶은 채 만근이 넘는 무거운 짐을 지고 먼 길을 떠나는 사람에게 문득 이웃사람이 나타나 다시 천근의 작은 짐보따리를 더 얹어 짊어지고 가게 하는 것과 같나이다.

세존이시여, 제가 인간세계 중생들을 살펴보니 모든 부처님의 가르침에 따라 착한 일을 터럭 하나·물 한 방울·모래 한 알·먼지 한 티끌·털 끝 하나만큼이라도 하게 되면, 이와 같은 큰 복을 모두 받을 수 있나이다.”

이와 같이 말씀하실 때 법회에 참석한 이들 가운데 말 잘하는 대변이라는 한 장자가 있었다. 이 부자는 오래전에 열반을 성취해 시방세계 중생들을 교화하였고, 지금은 장자의 몸으로 나타난 분이었다. 대변 장자는 합장정례하며 지장보살님께 여쭈었다.

"대원본존이시여, 이 인간세계 중생들이 목숨을 마친 뒤에 그의 가족들이 죽은 이를 위하여 복을 닦아 주고자 천도재를 지내는 등 여러 가지 착한 일을 하게 되면 목숨을 마친 사람은 구원을 받고 해탈도 하게 됩니까?"

지장보살님이 말씀하셨다.

"장자여, 내가 지금 현재와 미래의 모든 중생들을 위하여 부처님의 위신력을 받들어 그 일에 대하여 자세히 설명해 주겠나이다. 장자여, 현재와 미래의 모든 중생들이 목숨을 마치게 될 때, 한 부처님의 명호나, 한 보살님, 한 벽지불의 명호만 불러도 죄가 있고 없고를 가릴 것 없이 모두 다 해탈을 얻게 되나이다.

만약 어떤 선남자선여인이 살아있을 때에 착한 일은 하지 않고 도리어 많은 죄만 짓고 임종하면, 그의 가족들이 훌륭한 공덕을 지어 복되게 하더라도, 죽은 사람은 칠분의 일만 얻게 되고 칠분의 육은 살아있는 사람에게 이익이 되어 돌아갑니다. 그러므로 현재와 미래의 선남자선여인이 제 말을 듣고 스스로 복을 닦는다면 그 공덕의 전부를 얻을 수 있나이다.

장자여, '죽음의 저승사자'는 때와 장소를 가리지 않고 찾아옵니다. 어둠 속을 헤매는 영혼은 자기의 죄와 복을 알지 못하고 49일 동안 바보인 듯 귀머거리인 듯 지내다가 염라대왕 앞에서 심판을 받고서야 그 업에 따라 다시 생을 받게 되니 앞날을 예측할 수 없는 사이에 근심과 걱정은 천이요 만인데 더구나 악도에 떨어졌을 때는 오죽하겠나이까?

이 목숨을 마친 사람이 아직 다시 태어남을 얻지 못하고 있는 49일 동안 생각생각마다 여러 가족과 친척들이 천도재를 지내어 구원해 주기만을 간절히 바라다가, 이 49일이 지난 뒤에는 그 업에 따라 과보를 받게 되니 만약 그가 죄 많은 중생이라면 천백년이 지나더라도 해탈할 날이 없을 것이며, 만약 그가 무간지옥에 떨어질 큰 죄를 지어 무간지옥에 떨어지게 되면 천만겁토록 고통이 끊일 새가 없나이다.

또 장자여, 이러한 죄업 중생이 목숨을 마친 뒤에 그의 가족들이 천도재를 지내 그의 업의 길을 닦아주고자 할 때에는, 재의식을 마치기 전이나 재를 지내는 동안 쌀한톨·나물 한줄기라도 함부로 바닥에 흘리지 말 것이며, 모든 음식을 부처님과 스님들께 먼저 올리기 전에는 절대로 먹지 말아야 합니다.

만약 이를 어기고 먼저 먹거나 정성을 다하여 음식을 준비하지 않는다면 목숨을 마친 사람은 큰 복을 받지 못할 것입니다. 그러나 반대로 정성을 다하여 만든 정갈한 음식으로 부처님과 스님들께 먼저 올리면 죽은 사람은 그 공덕의 칠분의 일을 얻을 것입니다.

그러므로 장자여, 인간세계 중생들이 목숨을 마친 부모나 가족들을 위하여 천도재를 베풀어 복을 짓되 지극한 마음으로 정성을 다하면 살아있는 사람도 죽은 사람도 모두 다 큰 이득을 얻게 될 것입니다. 그러하기에 재를 집전하는 모든 스님들에게 마음을 다하여 정성껏 공양을 올려야 합니다.”

"천도재를 지내는 것, 장자여, 그것은 매우 매우 중요한 일입니다. 그렇지 않은가요?"

이 말씀을 하실 때에 도리천에 있던 천만억 나유타 수의 야차귀신들 모두가 한량없는 보리심을 내었고, 대변장자도 환희심으로 가르침을 받들며 예경하고 물러갔다.

제8장

염라왕중찬탄품
염라대왕의 무리를 칭찬하시다

그때 철위산 안에 있던 한량없는 귀왕들이 염라대왕과 함께 도리천에 와서 부처님을 친견하였다.

이를테면 악독귀왕· 다악귀왕·대쟁귀왕·백호귀왕·혈호귀왕·적호귀왕· 산앙귀왕·비신귀왕·전광귀왕·낭아귀왕·천안귀왕·담수귀왕·부석귀왕· 주모귀왕·주화귀왕·주복귀왕·주식귀왕·주재귀왕·주축귀왕·주금귀왕· 주수귀왕·주매귀왕·주산귀왕·주명귀왕·주질귀왕·주험귀왕·삼목귀왕· 사목귀왕·오목귀왕·기리실왕·대기리실왕·기리차왕·대기리차왕·아나타왕· 대아나타왕 등이었다.

이러한 대귀왕들은 각각 백천의 여러 작은 귀왕들과 더불어 모두 인간 세계에 살고 있으며, 각자 맡은 일이 있고 머무는 곳이 따로 있었다.

이러한 여러 귀왕들은 염라대왕과 더불어 석가모니부처님과 지장보살마하살의 위신력을 받들며 다 함께 도리천에 모여 한쪽에 공경히 서 있었다.

그때 염라대왕이 무릎 꿇어 합장하며 부처님께 사뢰었다.

"세존이시여, 저희들이 부처님과 지장보살마하살의 위신력을 우러러 이 도리천 천상법회에 참석한 것은 저희들이 많은 복을 받을 수 있기 때문입니다. 저희들은 항상 부처님께 감사할 것이며, 또한 오늘을 결코 잊지 않을 것입니다. 그러나 저희에게 아직 조그마한 궁금증이 남아 있어 감히 세존께 여쭙사오니, 세존께서는 자비로써 말씀하여 주시옵소서."

부처님께서 염라대왕에게 말씀하셨다.

"그대는 마음대로 물어 보아라. 내 그대를 위해 말해 주리라."

그때 염라대왕이 우러러 절을 하며 부처님께 사뢰었다.

"세존이시여, 제가 살펴보니 지장보살님께서는 6도 중에 계시면서 백천 가지 방편으로 죄지어 고통받는 중생들을 구제하시면서도 피곤함도 괴로움도 마다하지 않더이다.

지장보살님은 이와 같은 불가사의한 원력을 지니고 있사온데, 중생들은 업보에서 잠시 벗어났다가도 오래지 않아 또다시 악도에 떨어지고 있나이다.

세존이시여, 지장보살님은 이미 이와 같은 불가사의한 신통력을 지니고 있사온데 중생들은 어찌하여 6도를 영원히 여의는 해탈 열반을 얻지 못하나이까? 원컨대 세존이시여, 저희들을 위하여 자세히 말씀하여 주시옵소서."

부처님께서 염라대왕에게 이르셨다.

"그대들도 알다시피, 인간세계 중생들은 타고난 성품이 본래 억세고 거칠어 교화하기 매우 어려운데도 이 보살마하살은 백천만겁 그러한 중생들을 일일이 하나하나 구원하여 일찍이 해탈 열반의 길로 인도하였느니라. 그리고 지장보살은 온갖 방편으로 삼악도에 떨어진 죄인들까지도 그들로 하여금 전생의 죄업을 분명히 깨닫게 하여 근본업연에서 구제하였거만 인간세계 중생들은 나쁜 업에 깊이 물들어 있어 나왔다가는 또다시 들어가 이 대보살을 수고롭게 하고 오랜 겁을 지나면서 끊임없이 제도하여야 비로소 해탈하게 되느니라.

어느 때 네 명의 아내를 둔 남자가 있었다. 그는 첫째 부인을 너무 사랑한 나머지 자나 깨나 늘 곁에 두고 살았느니라. 둘째 부인은 아주 힘겹게 얻은 아내였다. 사람들과 피투성이가 되어 싸우면서 쟁취한 아내이니만큼 사랑 또한 극진하기 이를 데 없었느니라. 그에게 있어서 둘째 부인은 든든하기 그지없는 성과도 같은 존재였느니라. 셋째 부인과 그는 특히 마음이 잘 맞아 늘 같이 어울려 다니며 즐겁게 지냈느니라.

그러나 넷째 부인에게는 별 관심을 두지 않았고, 그녀는 늘 하녀 취급을 받았으며, 온갖 궂은 일을 도맡아 했지만 싫은 내색을 전혀 하지 않았느니라. 그저 묵묵히 그의 뜻에 순종하기만 하였다. 그러다 어느 때 그가 머나먼 나라로 떠나게 되어 첫째 부인에게 같이 가자고 하였지만 그녀가 냉정히 거절하자 그는 엄청난 충격을 받았느니라. 둘째 부인에게도 함께 가자고 했지만 둘째 역시 거절하였다. 첫째도 안 따라 가는데 자기가 왜 가느냐는 것이었다. 이번에는 셋째 부인에게 같이 가자고 하였다. 그러자 셋째 부인은 성문 밖까지 배웅해 줄 수는 있지만, 같이 갈 수는 없습니다."라고 말하는 것이 아니더냐. 크게 낙담한 그는 넷째 부인에게 같이 가자고 하였다. 그런데 뜻밖에도 그녀는 "당신이 가는 곳이면 어디든 따라가겠습니다."하고 길을 나서는 것이었다. 이렇게 하여 그는 넷째 부인만을 데리고 머나먼 나라로 떠났느니라. 여기서 머나먼 나라는 저승길이며 네 명의 아내들은 살면서 아내처럼 버릴 수 없는 네 가지이니라. 첫째 아내는 육체를 뜻하느니라. 육체가 곧 나라고 생각하고 애지중지하며 함께 살아가지만 죽게 되면 이 육체를 데리고 갈 수는 없느니라. 사람들과 피투성이가 되도록 싸워서 얻은 둘째 아내는 재물을 의미하느니라. 든든하기가 성과 같았던 재물도 저승길에는 가져갈 수 없느니라. 셋째 아내는 일가친척, 친구들이니라. 마음이 맞아 늘 같이 어울려 다니던 이들도 무덤까지는 따라와 주지만 저승길까지 함께 갈 수는 없느니라. 그리고 시간이 지나면 조금씩 너라는 존재를 잊어버릴 것이다. 넷째 아내는 바로 생전에 지은 업이니라. 살아 있는 동안은 별 관심도 두지 않고 천덕꾸러기로 대하였지만 죽을 때 어디든 따라가겠다고 나서는 것은 생전에 지은 업 뿐이니라. 중생들은 이 세상에 태어날 때 한 물건도 가져오지 않았고 죽을 때에도 역시 빈손으로 가느니라. 아무것도 가져가지 못하고 오직 자신이 닦은 마음과 자신이 지은 업만 다음생으로 가져갈 뿐이다. 맑게 닦은 마음과 보시의 공덕은 사후에도 그대로 이어져 영혼의 여정에 밝은 빛을 비추게 될 것이지만, 반면에 탐진치로 일그러진 마음과 악업은 사후에도 그대로 이어져 영혼의 여정에 어두운 그림자만 드리우게 될 것이다. 그러니 살아있는 동안 어떤 마음으로 어떤 행을 하느냐가 너희들 사후의 삶을 결정하는 것이니라.

너희들은 이러한 사실을 분명히 기억할지어다.

그때 악독귀왕이 합장정례하며 부처님께 사뢰었다.

"세존이시여, 저희들 여러 귀왕들은 그 수가 한량없나이다. 인간세계에 있으면서 사람들에게 이익을 주기도 하고, 손해를 끼치기도 하는 것은 저희들의 업보가 다르기 때문이옵니다. 제가 저를 따르는 무리들로 하여금 여러 세계를 돌아다니게 해 보니 악한 자는 많고 선한 자는 적나이다. 저희가 마을이나 도시·상점·건물 앞을 지나다가 만약 어떤 선남자선여인이 한 티끌만큼이라도 착한 일을 하거나, 불법을 찬양하는 깃발이나 일산 또는 향이나 꽃을 가지고 불·보살님의 존상 앞에 공양을 올리거나, 존귀한 경전을 독송하거나, 향을 사르고 부처님 경전의 한 구절, 한 게송이라도 독송한다면 저희 모든 귀왕들은 그 사람에게 예배 공경하기를 마치 저 과거·현재·미래의 모든 부처님을 섬기듯 하겠나 이다.

또한 토지를 맡은 작은 귀왕들로 하여금 다시 호위하게 하여서 나쁜 일이나 몹쓸 병이나 뜻에 맞지 않는 일들이 이 사람의 집 근처에서는 절대로 일어나지 않게 하겠거늘 하물며 그런 것들이 그 집안으로 침범하게 하겠나이까?"

부처님께서 악독귀왕을 칭찬하셨다.

"훌륭하다! 훌륭하다! 너희들이 염라대왕과 더불어 이와 같이 중생들을 보호하니 나 또한 범천과 제석천에게 일러 너희들을 지키고 돕게 하리라."

이 말씀을 하실 때 대중 가운데 수명을 맡은 '주명귀왕'이 있어 부처님께 사뢰었다.

"세존이시여, 저는 본래 업연이 인간세계 중생들의 수명을 맡아 저들의 태어남과 죽음을 모두 관장하나이다. 제 본래의 원은 널리 중생을 크게 이롭게 하려는 것이온데, 중생들은 제 뜻을 알지 못하고 나고 죽음에 모두 편안함을 얻지 못하나이다.

만약 이 인간세계에 아기가 태어나려 할 때 남자거나 여자거나 가족들이 착한 공덕을 많이 지으면 집안에 경사가 더하고 토지신도 한없이 기뻐하면서 산모와 아기를 보호하여 큰 행복을 얻게 하고 가족도 복되게 하나이다.

그러므로 아기를 낳은 뒤에는 조심하여 살생을 하지 말아야 할 것인데 도리어 여러 가지 비린 것들을 가져다가 산모에게 먹이며, 또한 많은 가족들이 모여 술을 마시고 고기를 먹으며, 노래를 부르고 풍악을 울린다면 산모와 아기 모두 축복을 받지 못하게 되나이다. 왜냐하면 아기를 낳을 때 수많은 악귀들이 비린내 나는 피를 먹고자 달려들기 때문입니다.

그러므로 제가 미리 집안의 토지신들로 하여금 산모와 아기를 보호하게 하였거늘 토지신에게 보답하기는 커녕 도리어 산 목숨을 죽여 잔치를 베푸니, 이는 스스로 큰 화를 불러들여 산모와 아기 모두에게 해를 끼치는 꼴이 되나이다.

또한 인간세계 중생들이 목숨을 마치게 되면, 저는 그 사람의 선악을 묻지도 않고 그들을 모두 악도에 떨어지지 않게 하거늘, 더구나 스스로 공덕을 지어 복을 닦는다면 저의 짐을 덜어 주는 것이 되오니 어찌 다행이 아니겠나이까? 그러나 이 인간세계에서 착한 일을 많이 한 사람도 임종 시에는 백천이나 되는 악도에 빠진 수많은 악귀들이 부모나 가족의 모습으로 변장하여 나타나 죽은 이를 꾀어 악도에 떨어지게 하거늘, 하물며 본래부터 나쁜 짓을 많이 한 자들은 말해 무엇하겠나이까?

세존이시여, 이와 같이 인간세계 중생들은 임종시에는 정신이 혼미해져 선악을 분간하지 못하고, 눈과 귀로는 아무것도 보고 들을 수 없나이다. 이때 그의 가족들이 부처님께 큰 공양을 올리고 이 경전을 독송하며 여러 부처님과 보살님의 명호를 염불해주면 그러한 좋은 인연 공덕으로 죽은 이는 악도에서 벗어나게 되고, 악귀들도 모두 흩어져 사라지게 되나이다.

세존이시여, 만약 어떤 중생이든지 임종시에 한 부처님이나 한 보살님의 명호라도 부르거나 혹은 대승경전의 한 구절, 한 게송이라도 암송한다면, 저는 그러한 사람들을 살펴 무간지옥에 떨어지는 살생죄만 아니라면 모두 해탈을 얻게 하겠나이다."

부처님께서 주명귀왕에게 이르셨다.

"그대는 자비심으로 큰 서원을 세워, 나고 죽는 가운데서 중생들을 보호하는구나. 미래에도 모든 중생들이 나고 죽을 때에 그대는 이 원력에서 결코 물러나지 말고 모두 해탈케 하여 큰 평안을 얻게 하라."

주명귀왕이 다시 부처님께 사뢰었다.

"예, 세존이시여, 염려하지 마시옵소서. 제가 이 몸이 다할 때까지 생각생각마다 인간세계 중생들을 보호하여 날 때나 죽을 때나 모두 안락함을 얻게 하고, 모든 중생들이 나고 죽을 때에 저의 말을 믿고 받아들여 모두 해탈하여 큰 행복을 얻게 되기를 바라겠나이다."

그때 부처님께서 지장보살에게 말씀하셨다.

"이 수명을 맡은 주명귀왕은 이미 과거 백천 생 동안을 지나오면서 대귀왕이 되어서 나고 죽는 가운데서 중생들을 보호하고 있나니, 이는 보살이 큰 자비심으로 대귀왕의 몸을 나타낸 것이지 실제로는 귀신이 아니니라. 앞으로 일백칠십겁을 지나 주명귀왕은 마땅히 서원을 이루고 열반에 들 것이니 명호는 '무상여래'이고, 겁의 이름은 안락이며, 세계의 이름은 정주이고, 그 부처님의 수명은 가히 헤아릴 수 없는 겁이 되리라.

지장보살이여, 이 대귀왕의 일은 이와 같이 불가사의하여 그가 제도하는 인간과 천신들의 숫자는 헤아릴 수 없이 많으리라."

제9장
칭불명호품
과거 여러 부처님들의 명호

그때 지장보살마하살이 부처님께 사뢰었다.

"세존이시여, 제가 지금 미래의 중생들을 위하여 도움되는 일을 말하여 생로병사 고통의 바다에서 큰 이득을 얻게 하고자 하오니 원컨대 세존께서는 허락하여 주시옵소서."

부처님께서 지장보살에게 말씀하셨다.

"그대가 지금 큰 자비심을 일으켜 죄업으로 인하여 고통에 빠져있는 6도 모든 중생들을 구제하고자 경이로운 일을 말하려 하니 지금이 바로 그 때이니라. 마땅히 어서 말할지이다. 나는 곧 열반에 들 것이니, 그대가 원을 다 이루게 된다면 나 또한 현재와 미래의 모든 중생들에 대하여 근심이 없으리라."

운이 좋아지고, 좋아지고, 계속 좋아지는 경전

지장보살님이 부처님께 사뢰었다.

"세존이시여, 어느 때 한 부처님께서 세상에 출현하셨나니, 명호는 '무변신여래'이셨나이다. 만약 어떤 선남자선여인이 이 부처님의 명호를 듣고 잠깐이라도 공경심을 내게 되면 사십겁 동안 나고 죽는 무거운 업보를 뛰어넘게 되고, 이 부처님 형상을 조성하거나 그려 모시고 찬탄 예배하면 그 사람이 받는 복은 더욱더 한량없고 끝이 없나이다.

또 어느 때 한 부처님께서 세상에 출현하셨나니, 명호는 '보승여래'이셨나이다. 만약 어떤 선남자선여인이 이 부처님의 명호를 듣고 발심하여 귀의하면 이 사람은 가장 높고 바른 깨달음의 길에서 영원토록 물러나지 않을 것이나이다.

또 어느 때 한 부처님이 세상에 출현하셨나니, 명호는 '파두마승여래'이셨나이다. 만약 어떤 선남자선여인이 이 부처님의 명호를 듣기만 하여도 이 사람은 마땅히 천번을 욕계의 여섯 하늘 가운데에 태어나거늘 하물며 지극한 마음으로 부처님의 명호를 염불하면 어떠하겠나이까?

또 어느 때 한 부처님이 세상에 출현하셨나니, 명호는 '사자후여래'이셨나이다. 만약 어떤 선남자선여인이 이 부처님의 명호를 듣고 일심으로 귀의하면 이 사람은 한량없는 모든 부처님을 만나 수기를 받나이다.

또 어느 때 한 부처님이 세상에 출현하셨나니, 명호는 '구류손불'이셨나이다. 만약 어떤 선남자선여인이 이 부처님의 명호를 듣고 지극한 마음으로 우러러 공경하면, 이 사람은 저 현겁의 수많은 부처님들로부터 장차 대범천이 되리라는 으뜸가는 수기를 받나이다.

또 어느 때 한 부처님이 세상에 출현하셨나니, 명호는 '비바시불'이셨나이다. 만약 어떤 선남자선여인이 이 부처님의 명호를 염불하면, 오랫동안 악도에 떨어지지 아니하며 항상 천상에 태어나 끝없는 즐거움을 누리나이다.

또 어느 때 한 부처님이 세상에 출현하셨나니, 명호는 '다보여래'이셨나이다. 만약 어떤 선남자선여인이 이 부처님의 명호를 염불하면, 결정코 악도에 떨어지지 아니하며 항상 천상에 머물면서 영원한 기쁨과 행복을 누리나이다.

또 어느 때 한 부처님이 세상에 출현하셨나니, 명호는 '보상여래'이셨나이다. 만약 어떤 선남자선여인이 이 부처님의 명호를 듣고 공경심을 내면 이 사람은 오래지 않아 아라한의 과보를 얻게 되나이다.

또 어느 때 한 부처님이 세상에 출현하셨나니, 명호는 '가사당여래'이셨나이다. 만약 어떤 선남자선여인이 이 부처님의 명호를 염불하면, 일백의 큰 겁 동안 나고 죽는 고통에서 영원히 벗어날 것이나이다.

또 어느 때 한 부처님이 세상에 출현하셨나니, 명호는 '대통산왕여래'이셨나이다. 만약 어떤 선남자선여인이 이 부처님의 명호를 염불하면, 이 사람은 갠지스의 모래알만큼 많은 여러 부처님의 설법을 듣고 반드시 가장 높고 바른 깨달음을 성취할 것이나이다.

또 과거에 정월불·산왕불·지승불·정명왕불·지성취불·무상불·묘성불·만월불·월면불 등 이루 헤아릴 수 없이 많은 여러 부처님이 계셨나이다. 세존이시여, 현재나 미래에 인간이나 천신이나, 혹은 남자거나 여자거나 모든 중생들이 단 한 분의 부처님의 명호만 염불하여도 그 공덕이 한량없거늘, 하물며 여러 부처님의 명호를 염불한다면 어떠하겠나이까? 이 중생들은 살았을 때나 죽었을 때나 스스로 큰 복을 얻어 결정코 악도에는 떨어지지 아니할 것이나이다.

어떤 사람이 목숨을 마칠 때, 그 집안의 가족들 중 단 한 사람만이라도 그 사람을 위하여 큰 소리로 한 부처님 명호만 염불해주어도 목숨을 마치는 사람은 무간지옥에 떨어지는 중죄만 제외하고 나머지 죄보는 모두 다 소멸되옵니다.

그리고 무간지옥의 대죄가 비록 지극히 엄중한 것이어서 억겁이 지나도록 나올 수 없는 것이지만 이 사람이 목숨을 마칠 때에 그를 위하여 여러 부처님의 명호를 염불해주면 그러한 무거운 죄업도 점차로 소멸되거늘, 하물며 중생 스스로가 부처님을 생각하고 부른다면 어떠하겠나이까? 한량없는 죄가 소멸되고 한량없는 복을 받게 되나이다."

제10장
교량보시공덕품
보시공덕의 크고 작음을 비교하시다

그때 지장보살마하살이 부처님의 위신력을 받들어 자리에서 일어나 무릎 꿇어 합장하며 부처님께 사뢰었다.

"세존이시여, 제가 인간세계 중생들의 보시 공덕을 헤아려 보건대, 공덕을 많이 쌓은 자도 있고 적게 쌓은 자도 있어 어떤 이는 일생 동안 복을 누리기도 하고, 어떤 이는 십생 동안 복을 누리기도 하며, 어떤 이는 백천 생 동안 큰 복을 누리기도 하니 이는 어찌된 까닭이옵니까? 원컨대 세존이시여, 저희들을 위하여 말씀하여 주시옵소서."

그때 부처님께서 지장보살에게 말씀하셨다.

"내가 지금 일체 대중이 모인 이 도리천의 큰 법회에서 인간세계에서 보시한 공덕의 크고 작음을 헤아려 말하려니, 자세히 들으라. 내 너희를 위해 말하리라."

지장보살님이 부처님께 사뢰었다.

"예, 세존이시여, 기쁘게 듣겠나이다."

부처님께서 지장보살에게 말씀하셨다.

"인간세계에 있는 여러 국왕이나·브라만·크샤트리아·큰 부자·큰 거사 등이 매우 가난한 자, 장님·귀머거리·벙어리·곱추 등 갖가지의 장애인들에게 보시하고자 할 때에 만약 그들이 큰 자비심을 갖추고 겸손한 마음으로 밝은 미소를 지으며 손수 보시를 행하거나 혹은 아랫사람을 시켜 보시를 행하더라도 부드럽고 따뜻한 말로 위로를 더하면, 이들이 얻는 복은 갠지스의 모래알만큼 많은 모든 부처님께 보시한 공덕과 같느니라.

왜냐하면 이는 가장 높고 귀한 자리에 있는 이들이 가장 낮은 이들과 차별받는 장애인들에게 큰 자비심을 낸 까닭이니라. 이들이 얻게 되는 이익은 백천생 동안 항상 재물이 흘러넘칠 것이며, 먹고 마시고 입는 것 또한 풍족하게 될 것이니라. 지장보살이여, 만약 미래의 여러 국왕이나 브라만 등이 부처님의 탑이나 존상, 보살·아라한·벽지불 등의 존상에 스스로 보시와 공양을 하게 되면 이들은 세 겁 동안 항상 욕계 도리천 하늘의 왕인 제석천왕의 몸이 되어 더없는 자유와 행복을 누릴 것이며, 만약 이 보시 공덕을 법계에 회향하게 되면 이들은 열 겁 동안 항상 색계 초선천 하늘의 왕인 대범천왕이 될 것이니라.

또 지장보살이여, 만약 미래의 여러 국왕이나 브라만 등이 옛 부처님의 탑이나 경전, 존상이 허물어지고 파괴된 것을 보고 신심을 내어 보수하되 힘들여 스스로의 힘으로 하거나 남에게 권선하여 수천의 많은 사람들에게 보시 인연을 맺어 주면 이 국왕 등은 백천생 동안 항상 전륜성왕이 될 것이며, 보시에 동참한 사람들도 백천생 동안 항상 한 나라의 왕이 될 것이며, 이를 다시 법계에 회향하게 되면 그러한 사람들은 모두 다 해탈을 얻으리니 그 과보는 한량없고 가이없느니라.

또 지장보살이여, 미래의 여러 국왕과 브라만 등이 늙고 병든 이나 출산하는 여인에게 단 한 생각만이라도 큰 자비심을 내어 의약품·음식·침구 등을 보시하여 안락하게 해주면 그러한 공덕은 가장 커서 이루 다 헤아릴 수가 없느니라.

그리하여 일백 겁 중에 항상 정거천 하늘의 주인이 될 것이며, 이백 겁 동안은 항상 욕계 여섯 하늘의 주인이 될 것이며, 오랫동안 악도에 떨어지지 아니하며 백천만 겁 어떠한 고통과 괴로움도 겪지 않을 것이며 마침내 열반을 증득하리라.

또 지장보살이여, 만약 미래의 여러 국왕과 브라만 등이 이와 같은 보시를 행하면 한량없는 복을 받게 되고, 이를 다시 법계에 회향하게 되면 보시의 많고 적음을 가리지 않고 당연히 해탈을 얻으리니, 하물며 범천이나 제석천, 전륜성왕의 과보를 받지 않겠느냐. 그러므로 지장보살이여, 그대는 널리 중생들에게 권하여 마땅히 이와 같은 보시

공덕을 배우게 하라.

또 지장보살이여, 미래에 어떤 선남자선여인이 불법 가운데에 티끌만큼의 작은 공덕을 지어도 받게 되는 복은 무엇과도 비교할 수 없느니라.

또 지장보살이여, 미래에 어떤 선남자선여인이 부처님의 존상이나 보살·벽지불·전륜성왕의 존상에 보시 공양하게 되면 한량없는 복을 받을 것이며 항상 인간이나 천상에 태어나 끝없는 즐거움을 누릴 것이니라. 그리고 만약 이 공덕을 법계에 회향하게 되면 이 사람의 공덕은 무엇에도 비교할 수 없느니라.

또 지장보살이여, 만약 미래에 어떤 선남자선여인이 대승경전의 한 게송이나 한 구절이라도 듣고 신심을 내어 찬탄 공경하면 이 사람은 영원한 기쁨과 행복을 누릴 것이며, 만약 이를 법계에 회향하게 되면 그 복은 비교하여 말할 수도 없느니라.

또 지장보살이여, 만약 미래에 어떤 선남자선여인이 부처님의 탑이나 대승경전에 보시 공양하고, 그것을 우러러 찬탄 예배하며, 오래되어 낡고 파손된 것을 보수하고 관리하되 그 마음을 스스로 내거나, 남에게 권선하여 모두 함께 마음을 내게 된다면 이와 같은 사람은 삼십생 동안 항상 한 나라의 왕이 될 것이며, 보시의 인연을 맺어준 사람은 항상 전륜성왕이 되어 좋은 법으로써 여러 작은 나라의 왕들을 교화하리라.

또 지장보살이여, 만약 미래에 어떤 선남자선여인이 여러 불사에 보시 공양 하거나, 탑이나 절을 보수하고 경전을 잘 엮어 널리 홍포하여 공덕을 짓되, 이런 착한 일의 공덕을 털끝 하나·먼지 한 티끌·모래 한알· 물 한방울만큼이라도 법계에 회향하게 되면 이 공덕으로 백천만 겁 헤아릴 수 없을 만큼 큰 복을 받느니라. 만일 공덕을 자기 집안 가족 에게만 회향하거나 자신의 이익을 위해서만 회향한다면 이와 같은 과보는 곧 삼대 동안만 복을 누리고 끝나게 되나니 이는 만에서 하나 만을 얻는 꼴이 되느니라."

"보시를 행하는 것, 지장보살이여! 그것은 아주 아주 중요한 일이니라. 그렇지 않느냐?"

"하늘의 왕이 되고 싶지 않느냐?

또는 인간의 왕이 되고 싶지 않느냐?"

부처님께서 지장보살에게 계속 말씀하셨다.

"지장보살이여, 보시의 인연 공덕은 이와 같으니, 너희들은 보시행의 무량한 공덕에 대해 잘 듣고 새겨들어야 할 것이며, 항상 기억하고 또 기억하여 그 원리를 반드시 깨우쳐 실생활에 적용하여 그 무량한 공덕의 기쁨을 맘껏 누리도록 할지어다. 아낌없이 보시를 행하는 자, 분명 그 신비한 가피를 체험하게 되리라."

제11장
지신호법품
견뢰지신의 호법서원

그때 땅의 신인 '견뢰지신'이 부처님께 사뢰었다.

"세존이시여, 제가 옛적부터 한량없는 보살마하살들을 우러러 뵙고 예배하였사온데, 모든 보살들께서는 불가사의한 신통력과 여러 좋은 방편으로 널리 중생을 구제하고 계시지만 지장보살마하살은 그 어떤 보살들보다도 서원이 더 광대하고 원만하나이다. 세존이시여, 그렇지 않은가요? 이 지장보살님은 인간세계에 깊고깊은 인연이 있나이다.

문수·보현·관세음·미륵보살 또한 백천으로 모습을 나투어 6도의 중생을 구제하시나 오히려 한계가 있사온데, 지장보살님은 열반을 미룬채 6도의 모든 중생을 끝없이 구제하시니, 서원을 세운 겁수는 백천억 갠지스의 모래알 수와 같나이다.

세존이시여, 제가 살펴보건대 만약 현재와 미래의 중생들이 살고 있는 곳 정결한 땅에 나무·돌·흙 등으로 감실을 만들고 거기에 금·은·동·철 등으로 지장보살님의 불상이나 탱화를 조성하여 모시고, 향을 사르고 공양하며 우러러 찬탄·예배하면, 그 사람은 사는 곳에서 곧 10가지의 복을 받게 될 것입니다.

1. 토지에는 풍년이 들 것이며,
2. 집안이 언제나 편안하며,
3. 먼저 죽은 조상들이 천상에 태어나며,
4. 살아있는 가족들이 무병장수하며,
5. 바라는 모든 소원이 성취되며,
6. 물이나 불로 인한 재난이 없으며,
7. 재물의 헛된 손실이 없으며,
8. 밤에 악몽을 꾸지 않으며,
9. 외출하거나 집에 돌아올 때 선신들이 보호하며,
10. 좋은 인연을 많이 만나게 되나이다.

세존이시여, 만약 현재나 미래의 중생들이 거주하는 집에서도 이와 같은 예경을 올리면, 역시 이와 같은 복을 받게 되나이다." 견뢰지신이 다시 부처님께 사뢰었다.

"세존이시여, 미래에 어떤 선남자선여인이 지장보살님의 존상을 모시고 이 경전을 독송하며 보살님께 예경을 올리면, 저는 항상 밤낮으로 저의 신통력을 다해 이 사람을 보호하여 물·불·도둑 따위 크고 작은 재난 등 온갖 불행들이 모두 다 사라지게 하겠나이다."

부처님께서 견뢰지신에게 이르셨다.

"견뢰지신이여, 그대의 큰 신통력은 모든 신들이 미치지 못하느니라. 왜냐하면 그대는 인간세계의 땅을 모두 관장하고 있으며, 풀·나무·돌·모래·곡식·보석들 또한 땅으로 인하여 있는 것이니, 이 모두는 다 그대의 힘을 입고 있는 것이니라, 그리고 또 지장보살에게 예배하는 공덕에 대하여 이렇게 크게 찬탄하니 그대의 공덕과 신통은 저 보통의 지신들보다 백천 배나 되느니라.

만약 미래에 어떤 선남자선여인이 지장보살에게 공양하고 이 경전을 독송하며, 이 경전에 의지하여 단 한가지 작법이라도 행하는 자가 있다면, 그대는 마땅히 근본 신통력으로 그를 보호하여 온갖 재앙으로부터 그를 보호할 것이며, 또한 그가 바라는 모든 소원이 반드시 이루어지게 할지어다. 또한 그대 혼자만이 이 사람을 보호하는 것이 아니라 범천과 제석천의 권속들 모두가 이 사람을 보호하리라.

어찌하여 이와 같은 여러 신들의 보호를 받게 되는가 하면, 이는 다 지장보살의 존상에 예경하고 이 경전을 수지독송한 까닭이니라. 이 사람은 마침내 생로병사의 온갖 고통과 번뇌에서 벗어나 반드시 열반의 기쁨을 누리게 되리라."

나무 대원본존 지장보살마하살.

지장경   82

제12장

견문이익품

지장보살님께 귀의하면 받게 되는 가피

나무 대원본존 지장보살마하살.

그때 부처님께서 정수리로부터 큰 광명을 놓으시니,

백호상광명·대백호상광명·서호상광명·대서호상광명·옥호상광명·

대옥호상광명·자호상광명·대자호상광명·청호상광명·대청호상광명·

벽호상광명·대벽호상광명·홍호상광명·대홍호상광명·녹호상광명·

대녹호상광명·금호상광명·대금호상광명·경운호상광명·대경운호상광명·

천륜호광명·대천륜호광명·보륜호광명·대보륜호광명·일륜호광명·

대일륜호광명·월륜호광명·대월륜호광명·궁전호광명·대궁전호광명·

해운호광명·대해운호광명이었다.

부처님께서 이러한 큰 광명을 놓으시고 나서 신묘한 법의 소리로 하느님·용왕님·야차귀신 등 팔부신중들과 사람과 사람 아닌 모든 중생들에게 말씀하셨다.

"들으라. 내가 오늘 이 도리천에서 지장보살이 인간과 천신들을 복되게 하는 불가사의한 일들과, 인과법칙을 깨우치고 십지를 증득하여 마침내 가장 높고 바른 깨달음에서 물러나지 않는 일에 대하여 칭찬하고 찬탄하겠노라."

이 말씀을 하실 때에 대중 가운데 있던 관세음보살이 자리에서 일어나 무릎 꿇어 합장하며 부처님께 사뢰었다.

"세존이시여, 지장보살님은 큰 자비심을 갖추고 죄지어 고통받는 중생들을 깊이 사랑하고 가엾게 여겨 천만억 몸으로 화현하여 그 모습을 나타내고 있는 바, 그 공덕과 불가사의한 신통력을 저는 이미 들었나이다. 세존께서는 시방의 한량없는 모든 부처님과 더불어 한 목소리로 지장보살님을 찬탄하며 이르시길, 과거·현재·미래의 모든 부처님께서 그 공덕을 말씀하셔도 다 하지 못한다 하셨나이다. 또한 지난번에도 세존께서 대중에게 지장보살님이 갖춘 공덕에 대하여 높고 높은 찬탄을 아끼지 않으셨나이다.

세존이시여, 바라옵건대 현재와 미래의 모든 중생들을 위하여 지장보살님의 불가사의한 일들을 말씀하셔서서 하느님·용왕님·야차귀신 등 팔부신중들로 하여금 우러러 예경하고 복을 받게 하시옵소서."

부처님께서 관세음보살에게 이르셨다.

"그대는 인간세계에 큰 인연이 있어서 하느님·용왕님·야차귀신이나 선남자선여인, 6도의 죄지어 고통받는 중생들까지도 그대의 이름을 듣거나 형상을 보거나, 그대를 생각하고 따르거나 찬탄하면 이러한 여러 중생들을 모두 위없이 높은 진리의 길에서 물러나지 않게 하고 항상 인간이나 천상에 태어나 영원한 기쁨과 행복을 누리게 하며, 장차 인과가 무르익게 되면 마침내 부처님의 수기를 받게 하느니라.

그대가 이제 큰 자비로 모든 중생들과 하느님·용왕님·야차귀신 등 팔부 신중들을 가엾게 여겨 내게 지장보살이 인간과 천상에 헤아릴 수 없는 복을 가져다주는 것을 듣고자 하니 그대는 잘 들으라. 내 이제 그대를 위해 말하리라."

관세음보살이 부처님께 사뢰었다.

"예, 세존이시여, 잘 듣고 새겨듣겠나이다."

부처님께서 관세음보살에게 다시 말씀하셨다.

"현재와 미래의 모든 세계 가운데에 천신이 천상에서의 복락이 다하여 죽으려 할 때 나타나는 다섯 가지 쇠하여지는 모양이 나타나 장차 악도에 떨어지게 되더라도 그러한 천신들이 지장보살의 존상을 보거나 또는 지장보살의 명호를 듣고 귀의하게 되면 그 천신들은 천상의 복락이 더하여 큰 기쁨을 얻게 되고 오랫동안 악도에 떨어지지 않게 되느니라. 그러하거늘 하물며 지장보살의 존상과 명호를 보고 들어 여러 가지 향·꽃·음식·의복·보석 등을 보시하여 공양하면 어떠하겠느냐. 그들이 얻는 복은 한량없고 끝이없느니라.

관세음보살이여, 만약 현재와 미래의 어떤 중생이 목숨을 마치려 할 때 지장보살의 명호를 들려주어 한 소리라도 귓가에 스치게 하면, 이 모든 중생은 영원히 삼악도의 타는 듯한 괴로움을 겪지 않으리라. 하물며 부모나 가족들이 목숨을 마치는 사람의 재산으로 지장보살의 형상을 조성하여 그의 눈으로 보게 하면 어떠하겠느냐.

또 병든 사람이 숨이 넘어가지 않았을 때 지장보살의 형상을 눈으로 보고 명호를 귀로 듣게 하고, 바른 길을 아는 가족들이 재산을 보시하여 그를 위하여 지장보살 형상을 조성하여 그로 하여금 직접 눈으로 보고 귀로 듣게 하면, 그 사람이 무거운 업보로 인하여 무서운 병을 앓는 것이 당연하다 할지라도 이 공덕을 얻어 병이 완쾌되고 수명 또한 연장되느니라. 또한 이 사람의 목숨이 다하여 그 동안의 죄업으로 당연히 악도에 떨어질 것이라도 이 공덕으로 죽은 뒤에 모든 업장이 소멸되어 곧바로 인간이나 천상에 태어나게 되는 엄청난 복을 받느니라. 관세음보살이여, 만약 미래에 어떤 선남자선여인이 젖먹이 때나 세 살·다섯 살·열 살이 못되었을 때 부모를 잃었거나 또는 형제·자매와 이별하였다면 그 사람은 어른이 된 뒤에도 그의 부모나 가족이 어느 곳에 났는지 모르느니라. 만약 이 사람이 지장보살의 형상을 조성하거나, 명호를 듣고 한번 보고 한번 절하면서, 하루에서 칠일이 되도록 처음 일으킨 마음을 잃지 않고 지장보살 명호를 염불하며 형상을 보고 우러러 찬탄·예배하면, 이 사람의 가족들은 스스로 지은 악업으로 악도에 떨어져 마땅히 여러 겁을 지내야 할지라도 이 자녀나 형제·자매가 지장보살에게 정성을 바친 공덕으로 해탈을 얻어 인간이나 천상에 태어나 최고의 복락을 누릴 것이니라. 그리고 만약 이미 선천적인 복을 타고나 인간이나 천상에 태어나 더없는 복을 누리는 자라면 이 공덕으로 더욱 더 좋은 인연이 더해져 한량없는 복을 받게 될 것이니라.

다시 21일 동안 지극한 마음으로 지장보살의 형상에 우러러 절하면서 그 명호를 생각하고 불러 만 번을 채우게 되면, 지장보살이 가없는 몸을 나투어 이 사람에게 그 가족이 태어난 곳을 알려주거나 꿈에 보살이 큰 신통력을 나타내어 친히 이 사람을 거느리고 여러 세계에 있는 모든 가족들을 보여 줄 것이니라.

그리고 또 날마다 보살의 명호를 천번씩 염불하여 천일에 이르게 되면 지장보살은 마땅히 그 사람이 있는 곳의 토지신을 시켜 그가 몸을 마칠 때까지 보호하여 현재에 먹고 마시고 입는 것이 풍족하고 여러 질병 이나 재앙을 없애 주며, 불행이 그 집안에 침범하지 못하게 하거늘 하물며 그 사람의 몸에 미치게 하겠느냐. 이 사람은 마침내 지장보살의 마정수기를 받게 되리라.

관세음보살이여, 만약 미래에 어떤 선남자선여인이 큰 자비심을 내어 모든 중생들을 구제하고자 하는 사람이나, 가장 높고 바른 깨달음을 이뤄 삼계의 고통을 여의고자 하는 많은 사람들이 지장보살의 형상을 보거나 그 명호를 듣고 지극한 마음으로 귀의하여, 향·꽃·음식·의복· 보석 등을 보시하여 공양하고 지장보살을 우러러 예경한다면 이 선남자 선여인의 모든 소원이 속히 성취되며 영원히 장애 또한 없으리라.

관세음보살이여, 만약 미래에 어떤 선남자선여인이 현재와 미래에 백천만억 여러 가지 소원과 백천만억 여러 가지 일들을 이루고자 하여, 지장보살 형상 앞에 귀의하고 우러러 찬탄·예배하면 이와 같은 소원이 모두 다 이루어질 것이며, 지장보살이 큰 자비심으로 오랫동안 보호하여 주기를 원한다면 이 사람은 꿈속에서 곧 지장보살의 마정수기를 받을 것이니라.

관세음보살이여, 만약 미래에 어떤 선남자선여인이 대승경전을 공경하여 믿음을 내어 독송하고자 하나 독송할 수 없고, 설령 선지식을 만나 가르침을 잘 받아도 배운 것을 금방 잊어버리는 것은 이 선남자선여인의 묵은 업장이 아직 다 소멸되지 않아 대승경전을 독송할 만한 수준이 안되는 까닭이니라.

이러한 사람은 지장보살 형상 앞에 진실한 마음으로 공경스럽게 그 사실을 고하고 다시 향·꽃·음식·의복·보석 등으로 보살님께 공양 올리고 깨끗한 물 한 그릇 보살님 앞에 올려 하루 낮 하루 밤이 지나고 난 뒤 합장하고 물을 마시겠다고 청하고 나서, 지극한 마음으로 마실지니라. 마시고 나서는 오신채와 술 마시지 말며, 살생, 사음, 거짓말을 7일 내지 21일 동안 삼가면 이 선남자선여인의 꿈속에 지장보살이 가없는 몸을 나투어 이 사람의 이마에 물을 부어 주리니 이 꿈을 깨면 곧 총명을 얻어 경전을 한 번만 읽어도 영원히 기억하며 한 구절, 한 게송도 오랫동안 잊어버리지 않게 되느니라.

관세음보살이여, 만약 미래에 어떤 선남자선여인이 옷과 음식이 부족하여 생활고를 겪거나, 질병이 많거나, 불행이 많아 집안이 불안하여 가족이 흩어지고, 다투는 일이 많아 몸을 괴롭게 하고, 밤에 악몽을 자주 꾼다면 이와 같은 사람들이 지장보살의 명호를 듣거나 형상을 보고 지극한 마음으로 공경하며 염불하여 만번을 채우게 되면, 이 모든 좋지 않은 일들이 점점 사라지고 편안함을 얻게 되어 먹고 마시고 입는 것이 흡족해지며 밤에 악몽 또한 꾸지 않을 것이니라.

관세음보살이여, 만약 미래에 어떤 선남자선여인이 생계로 인하거나, 공적, 사적으로나, 혹은 급한 일 때문에 산이나 숲속에 들어가고, 큰 강이나 바다와 같은 큰 물을 건너거나, 또는 험한 길을 지나게 될 때 이 사람이 앞서 지장보살의 명호를 만 번 염불하면 그가 지나는 곳마다의 토지신이 그를 보호하여 가고 오고 앉고 눕는 모든 일이 편안해지며, 또 호랑이·사자·늑대 등 맹수들을 만나더라도 해를 입지 않느니라."

부처님께서 다시 관세음보살에게 말씀하셨다.

"관세음보살이여, 이 지장보살은 인간세계에 크나큰 인연이 있나니,

내가 있어 지장보살이 있는 것이고,

내가 생하였기에 지장보살 또한 생한 것이며,

내가 없으면 지장보살 또한 없는 것이고,

내가 멸하면 지장보살 또한 멸하느니라.

운이 좋아지고, 좋아지고, 계속 좋아지는 경전

만약 모든 중생들이 이 대보살께 귀의하게 되면 그들이 받게 되는 영험한 가피들에 깜짝 놀라고 매료될 것이며 이 경전을 수지독송하는 동안 지장보살이 너희들 손을 잡아줄 것이니라. 관세음보살이여, 그대는 여러 좋은 방편으로 이 경전을 널리 홍포하여 인간세계 중생들로 하여금 백천만겁 큰 복을 받도록 하라.” 그때 세존께서 게송으로 말씀하셨다.

내 이제 지장보살 위신력을 보니
항하사겁 설하여도 다 말할 수 없네.
잠깐동안 보고 듣고 우러러 예배하여도
인간과 천상에 그 이익 한량없어라.

남자거나 여자거나 하느님·용왕님·야차귀신이거나
복이 다하면 악도에 떨어지지만,
지극한 마음으로 지장보살께 귀의하면
수명은 늘고 모든 업장 소멸되네.

어려서 부모의 사랑을 잃은 사람
부모 영혼 태어난 곳 어디인지 알 수 없고,
형제·자매와 여러 가족 흩어져
어른이 된 이후에도 알지 못하네.

지장보살 형상을 조성하거나 그려 모시고
간절한 마음으로 쉬지 않고 우러러 절하면서
21일 동안 보살 명호 지극정성으로 염불하면
지장보살 가없는 그 몸 나투시네.

그의 가족 태어난 곳 낱낱이 보여주며
악도에 떨어진 자 모두모두 건져주며
만약 처음 마음 잃지 않으면
마땅히 성스러운 마정수기 받게 되리라.

위없는 가장 높고 바른 깨달음을 깨우쳐
삼계의 온갖 고통과 번뇌에서 벗어나려거든
마땅히 대비심을 내어서
지장보살 거룩한 형상에 예배하라.
모든 소원 속히 성취되고
업장이 영원히 소멸되리라.

발심하여 경전을 배우는 사람
모든 중생 해탈 열반으로 인도하려는
불가사의하고 거룩한 원 세웠건만
배우고도 잊어버려 자주 막힘은

자신이 스스로 지은 묵은 업장 때문에
대승경전을 독송할 수준이 안되는 까닭이니라.

향과 꽃, 옷과 음식, 모든 보석들을
지장보살께 지극정성으로 공양하고
깨끗한 물 한그릇 보살님께 올려서
하루 낮 하루 밤 지난 뒤에 마시고
깊은 믿음 일으켜서
오신채와 술 마시지 않고
살생과 사음과 거짓말 하지 않으며
21일 동안 보살 명호 지극정성으로 염불하라.

꿈속에 가없는 대보살 만나보고
깨어나면 곧 눈과 귀가 밝아지며
이 경전 읽는 소리 귓가에만 스쳐도
천만 생을 두고두고 잊음이 없으니
이것은 보살이 불가사의한 신통력으로
지혜와 총명을 내려 주기 때문이네.
가난하고 병이 많은 중생
집안이 몰락하고 모든 가족 흩어져
잠을 자면 꿈자리 불안하고

지 장 경

구하는 것과 뜻먹은 일 이루지 못하네.
지극한 마음으로
지장보살께 우러러 절하면
나쁜 일은 모두 다 없어지고
꿈속에서도 안락을 얻게 되며
옷과 음식 풍족하고
착한 신들이 보호하네.

어쩌다가 험한 산과 큰 바다를 지날 때
사나운 짐승과 나쁜 사람들
나쁜 신과 나쁜 귀신, 또 사나운 바람
온갖 고통과 괴로움이 있다 해도
거룩한 지장보살 형상 앞에
일심으로 예배하고 지극정성으로 공양하면
어떤 산이나 바다에서도
모든 재난 영원히 사라지리라.

관세음보살이여,
지극한 마음으로 들으라.
지장보살의 끝이 없고 불가사의한 공덕
백천만겁에도 다 말할 수 없나니

그대는 이같은 지장보살 위신력을 널리 알려라.
누구든지 지장보살 명호를 부르거나
거룩한 형상에 우러러 절하며
향과 꽃, 옷과 음식 공양 올리면
백천만생 지극한 즐거움을 누리리라.

이 공덕을 법계에 회향하게 되면, 끝내 해탈하여
나고 죽는 생로병사에서 벗어나리라.
관세음보살이여, 그대 또한 이 법을 알아 두어
항하사 모든 국토에 널리 널리 알려라.

나무 대원본존 지장보살마하살.

제13장
촉루인천품
모든 인간과 천신들을 부촉하시다

그때 부처님께서 금빛 팔을 드시어 지장보살마하살 이마를 어루만지시며 이렇게 말씀하셨다.

"지장보살이여,

그대의 신통력은 불가사의하도다.

그대의 자비심은 불가사의하도다.

그대의 큰지혜는 불가사의하도다.

그대의 중생구제 능력은 불가사의하도다.

시방의 모든 부처가 그대의 불가사의한 공덕을 천만겁 동안 찬탄하여도 다 말할 수 없느니라.

지장보살이여, 내가 오늘 백천만억 이루 다 말할 수 없는 모든 부처님과 보살님들, 하느님·용왕님·야차귀신 등 팔부신중들이 모두 모인 이 큰 법회에서 인간과 천상의 모든 중생들을 그대에게 맡기노니 지금 이 순간부터 그대는 나의 후계자이니라. 마치 불난 집과 같은 욕계·색계·무색계의 삼계에서 빠져나오지 못하는 모든 중생들을 하루 낮 하루 밤이라도 악도에 떨어지지 않게 할지언데, 하물며 다시 무간지옥에 떨어져 천만억 겁이 지나도 나올 기약이 없게 하겠느냐.

지장보살이여, 6도 모든 중생들은 근기와 성품이 약하여 악한 짓을 익히는 자가 많고 비록 선한 마음을 내어도 곧 사라지며, 만약 악한 인연을 만나면 순간순간 악이 더 늘어나니 이런 까닭에 내가 이 몸을 백천만억으로 화현하여 그들을 교화하고 제도하여 수준과 성품에 따라 해탈시키는 것이니라.

지장보살이여, 내가 이제 간절히 인간과 천상의 모든 중생들을 그대에게 맡기노니 만약 미래에 어떤 선남자선여인이 불법 가운데에 털끝 하나·먼지 한 티끌·모래 한알·물 한방울만한 작은 공덕이라도 지으면 그대는 마땅히 신통력으로 그 사람을 보호하여 물러섬 없이 수행정진케하여 반드시 열반에 이르도록 하라.

지장보살이여, 만약 미래에 인간이나 천신들이 죄업에 따라 보를 받아 악도에 떨어지는 자가 있거든 그대는 그가 떨어진 곳에 나아가라. 그리고 만약 어떤 중생이 지옥문에 이르러 한 부처님·한 보살님의 명호나 대승경전의 한 구절·한 게송이라도 외운다면, 이 모든 중생들을 신통력과 여러 방편으로 구원하여 고통에서 벗어나게 하되 그 사람이 있는 곳에 가없는 몸을 나투어 지옥을 부수고 천상에 나도록 하여 끝없는 즐거움과 행복을 누리게 하라."
부처님께서 다시 게송으로 말씀하셨다.

현재와 미래의 모든 중생들을
내 이제 그대에게 맡기노니
그대는 큰 신통과 여러 방편으로
그들이 악도에 떨어지지 않게 하라.

이때 지장보살님이 무릎 꿇어 합장하며 부처님께 사뢰었다.
"세존이시여, 염려하지 마시옵소서. 만약 미래에 어떤 선남자선여인이 불법을 공경하는 한 마음만 내어도 저는 백천가지 방편으로 이 사람을 제도하여 나고 늙고 병들고 죽는 생로병사의 고통에서 속히 해탈을 얻게 하겠나이다. 하물며 여러 가지 선업을 닦는 수행을 하는 사람이야 어찌 말할 나위가 있겠나이까.
이 사람은 당연히 열반의 길에서 절대로 물러나지 않게 될 것이옵니다."
이 말씀을 하실 때 법회에 참석하였던 허공장보살이 부처님께 사뢰었다.

"세존이시여, 제가 이제 이 도리천에 이르러 부처님께서 지장보살님의 불가사의한 신통력을 찬탄하시는 것을 잘 들었나이다. 만약 미래의 모든 선남자선여인과 하느님·용왕님·야차귀신 등 팔부신중들이 이 위대한 경전과 지장보살님의 명호를 부르거나 또는 지장보살님의 형상에 우러러 예배한다면 몇 가지의 복을 받게 되나이까? 세존이시여, 현재와 미래의 모든 중생들을 위하여 이에 대해 자세히 말씀하여 주시옵소서."

부처님께서 허공장보살에게 말씀하셨다.
"자세히 들으라. 내 너희를 위하여 분별하여 말하리라. 만약 미래에 어떤 선남자선여인이 지장보살의 형상을 보고 향·꽃·음식·의복·보석 등을 공양하고 이 경전을 독송하며 찬탄·예배하면 다음과 같은 28가지 큰 행운과 복이 따를지어다."
자, 이제 그 28가지 큰 행운과 복을 말하노라.

1. 인생이 바뀌고, 운명도 확 바뀌게 될 것이며,

2. 운이 좋아지고, 좋아지고, 계속 좋아질 것이며,

3. 여러 선신들의 보호를 받게 될 것이며,

4. 엄청난 부자가 될 것이며,

5. 큰 병에 절대로 걸리지 않을 것이며,

6. 먹고 입을 것이 흘러넘쳐 많은 사람들의 부러움을 사게 될 것이며,

7. 물이나 불로 인한 재난이 전혀 없을 것이며,

8. 업장이 탈탈 털릴 것이며,

9. 집안에 도둑이 절대 들지 못할 것이며,

10. 많은 사람들로부터 흠모와 존경을 받을 것이며,

11. 자식이 아주 잘 될 것이며,

12. 용모가 단정하고 빼어나게 될 것이며,

13. 천생연분을 만나게 될 것이며,

14. 여법한 취미생활을 하게 될 것이며,

15. 노후가 아주 편안할 것이며,

16. 선지식을 자주 만날 것이며,

17. 천상세계에 매번 태어날 것이며,

18. 전륜성왕이 될 것이며,

19. 절대로 악도에 떨어지지 아니할 것이며,

20. 간절한 소원이 반드시 성취될 것이며,

21. 가족들이 화목할 것이며,

22. 가는 곳마다 막힘이 없을 것이며,

23. 밤에 악몽을 꾸지 않을 것이며,

24. 먼저 돌아가신 조상들이 괴로움에서 벗어날 것이며,

25. 전생, 다음생을 볼 수 있는 숙명통을 얻을 것이며,

26. 우주 법계를 훤히 꿰뚫어 볼 수 있는 천안통이 생길 것이며,

27. 다시는 윤회하지 않음을 아는 누진통을 얻을 것이며,

28. 마침내 인과의 이치를 가장 완벽히 깨친 자, 부처가 되어 진리, 그
    자체가 될 것이니라.

허공장보살이여, 또한 현재와 미래에 하느님·용왕님·야차귀신 등 팔부
신중들이 지장보살의 명호를 부르거나 지장보살의 형상에 예배하거
나, 혹은 지장보살의 원력에 대한 이야기를 듣고 수행하고 찬탄하며
우러러 공경한다면
다음 7가지의 이익을 얻게 되리라.

1. 속히 보살의 지위에 뛰어 오를 것이며,
2. 업장이 소멸될 것이며,
3. 모든 부처님이 지켜주실 것이며,
4. 가장 높고 바른 깨달음의 길에서 물러나지 않을 것이며,
5. 원력이 더욱 커질 것이며,
6. 세 가지 밝은 지혜를 얻을 것이며,
7. 끝내는 열반을 얻어 불이 되리라.

그때 시방 여러 곳에서 오신, 말로는 이루 다 말할 수 없는 모든 부처
님과 보살마하살들과 하느님·용왕님·야차귀신 등 팔부신중들이 부처
님께서 지장보살의 불가사의한 위신력을 높이높이 찬탄하시는 것을
듣고, 모두가 일찍이 없었던 일이라며 찬탄하였다.

이때 도리천에 향기로운 향비와 아름다운 꽃비와 진귀하고 아름다운 보석들로 장식된 금은보화들과 신비하고 순결한 천신들의 옷이 비오듯 마구마구 쏟아졌고 석가모니부처님과 지장보살마하살께서 공양을 마치시고 상카시아 천국의 계단을 걸어 지상으로 내려가시니, 이 도리천 천상법회에 참석하였던 일체 대중들은 다 함께 배웅하며 우러러 예경하고 귀명정례하며 물러갔다.

나무 시아본사 석가모니불, 나무 대원본존 지장보살마하살

백일백독 챌린지
성공스탬프

1. 수행의 시작과 끝은 가급적 지장재일에 맞추어 지장도량에서 하세요!

2. 수행 사찰에서 성공스탬프를 받으세요!

3. 가장 수승한 공덕은 부처님의 진리를 세상에 널리 전하는 법보시입니다. 회향에 맞추어 10권의 경전을 법계에 회향하세요.

운이 좋아지고, 좋아지고, 계속 좋아지는 경전

"천상천하 유아독존"
여러분이 법계의 주인공이십니다.
성공을 축하드립니다!

1년 365독 챌린지
성공스탬프

1. 수행의 시작과 끝은 가급적 지장재일에 맞추어
   지장도량에서 하세요!

2. 수행 사찰에서 성공스탬프를 받으세요!

3. 가장 수승한 공덕은 부처님의 진리를 세상에 널리 전하는 법보시입니다.
   회향에 맞추어 30권의 경전을 법계에 회향하세요.

운이 좋아지고, 좋아지고, 계속 좋아지는 경전

운이 좋아지고, 좋아지고, 계속 좋아지는 경전

운이 좋아지고, 좋아지고, 계속 좋아지는 경전

운이 좋아지고, 좋아지고, 계속 좋아지는 경전

운이 좋아지고, 좋아지고, 계속 좋아지는 경전

"천상천하 유아독존"

여러분이 법계의 주인공이십니다.
성공을 축하드립니다!

운이 좋아지고, 좋아지고, 계속 좋아지는 경전

중/생/구/제/프/로/젝/트

Golden sutra | 독 | 송 | 본

지장경

펴 낸 이　법오스님
펴 낸 곳　032디자인㈜

발 행 일　2024년 10월
주　　소　인천광역시 미추홀구 석정로76번길 28
전　　화　032-777-7032
팩　　스　032-777-7035
구입문의　국내 서점
　　　　　　금천사 T. 032-543-6606

ISBN 979-11-986634-5-0